保険営業がおもしろくなる50の提言

紹介が途切れない「正直営業」のすすめ

湯浅大五郎
Yuasa Daigoro

近代セールス社

はじめに

営業は楽しい。でも、壁はある

皆さん、こんにちは！

この本を手に取っていただき、ありがとうございます。私は、営業マン歴27年の湯浅大五郎《ゆあさだいごろう》と申します。学校を卒業してから、ずっと営業の仕事をしてきました。

営業の仕事自体は大好きで、自分で言うのも変ですが、長年頑張ってきたと思います。ただし、順風満帆だったわけではなく、山あり谷ありの営業マン人生でした。こんな私が、皆さんに読んでいただける本が書けるのかどうか、正直なところ心配でしたが、27年間を振り返ってみると、このような気づきがあったのです。

「あのときは、ここと ここがダメだったから、伸び悩んでいたんだな」
「あれとこれを修正したら、すごく良くなったな。これは自動車販売や保険提案以外の業界でも使えるノウハウかもしれない」

こういった具体的な話ばかりを書いていけば、きっと皆さんに喜んでいただけるはず。そう考えて、一気に書き上げました。それを50の提言にまとめたのですが、どこから読んでいただいても大丈夫なように、テーマごとの読み切りにしています。

「ああ、これは僕だな」
「この失敗は、私もしたことあるわ」

そんなふうにご自分に引き寄せながら、読んでいただけたら嬉しいです。

27年間で一番変わったのは先輩との距離

私が営業の仕事を始めた頃には、郵便番号は3桁で、まだ携帯電話も普及せず、ポケベルで会社からの連絡をもらっていました。それが今や、ＳＮＳが普及し、個人が自由に情報発信できる時代となり、営業の世界も大きく変わりました。それぞれ一人ずつの可能性が大きく広がって、いい時代になったなぁ…と感じています。

しかし、その一方で、みんなが忙しくなりすぎて、会社の中で「先輩と後輩がお話をする」という機会が、少なくなったなぁ…とも感じています。

かっこいい営業トークは、本を読んだり、動画を見たりすれば、いつでもどこでも学べる時代。

それでも、実体験をご本人から直接うかがうことに、勝ることはありません。

「昔、こんな大失敗をして、逃げたくなったことがあったよ。でもね、**具体的にこれとあれを修正したら、失敗も取り返せて、成績がグングン伸びたんだよ〜**」

そんな貴重な話を、コーヒーでもごちそうしてくれながら、気さくに語ってくれる人。それが「営業の世界の先輩」です。

しかし、残念なことに、みんなが自分のペースで働けるようになればなるほど、先輩の出番は減っていくそうです。

なんとなく同じ時間に仕事が終わるからこそ、「じゃあ、コーヒーでも飲もうか」なんて話になって、いつの間にか、過去の失敗談が始まり、そこからどう盛り返していったのか…という流れになっていくわけですから、先輩との会話の場が減ってしまうのは必然なのかもしれません。

今、「先輩と語った経験がない」という若い営業の方が増えています。

自分の仕事が順調なときには、それで良いと思います。何の問題もありません。しかし、自分がうまくいっていないときに、それとなく横から見てくれていて「ま、強制するわけじゃないけどさ。良かったら、こうしてみたら？」と、ささやいてくれたら、これほど頼もしい存在はないと思います。

自分がミスをして周囲に迷惑をかけたとき。「たまたま時間があったから」と、一緒になってミスを取り返す作業をしてくれる人がいたら、嬉しくないでしょうか？

それこそが「営業の世界の先輩」なんです。

本書が、皆さんにとっての「先輩のような存在」になることを、願っています。

あの日の先輩たちに、少しでも近づけたら…

「ご紹介だけで営業ができているなんて、すごいよ。本を書いたら？」

そんなご縁から、出版社をご紹介いただき、本を執筆する貴重なチャンスをいただきました。


「昔、先輩たちが素直に言ってくれたように、自分の失敗を全部出そう」

「どうやってピンチを切り抜けたのか、あらいざらい書こう」

「あの日、自分が先輩に優しく教えてもらったように、優しい本を書こう」


私は、このようにはっきりと心に決めました。


「おまえはマリアンか⁉」

口べたで、どもりがちだった私は、当時人気のあった帰国子女のタレントさんを引き合いに、言葉が変だよと笑われました。そのことも、この本に書いています。

成績が不振すぎて、182センチの身長なのに、59キロまで体重が落ちました。そのことも、この本には書いています。

そんな私が、どうやって紹介だけで営業ができるようになったのか。そのことも、一切出し惜しみせずお伝えしています。

どこをどういうふうに修正したら、成績が上昇したかを、「具体的に」「現実的に」と、つぶやきながら書き上げました。

ヤル気はあるけど、壁に当たって悩んでいる方。
毎日の営業活動に、自分独自のスタイルを打ち出したい方。
カタいこと抜きに、楽しみながら、成績を伸ばしたい方。
そんな方々に、読んでいただきたい、と思っています。

営業は、壁さえ越えてしまえば、本当に楽しい仕事です。
皆さんのお役に立つことができれば、こんなに素敵なことはありません。

目次

はじめに・3

第1章 なぜお客様は、あなたという営業マンから買いたくなるのか？

1 街を歩けば発見がある。だから営業は楽しい　16
2 「営業」と「接客」には大きな違いがある　18
3 年代ごとに目指すべきステージがある　21
4 お客様も気づいていない要望を導き出すのが営業の役目　24
5 あなたの営業スタイルはお客様に合っている？　27
6 自分の感情をストレートに伝えていい　30
7 不人気商品を売るために話法を考えるという「発明」　33
8 知らないことがあっても一緒に調査すれば好感度アップ　37

9 紹介者に「ひとつだけ」事前にお願いしておくこと 40
10 ドン底からの奇跡の一手！「提案しない」という営業 42

第2章 お客様は本音を言う人から買いたい

11 説明がうまいだけではお客様の心に刺さらない 48
12 営業トークには守るべき「型」がある 51
13 他社の商品を褒めると自社の商品が売れるようになる 54
14 条件に合わなければハッキリ伝える。その上で別の武器で勝負する 56
15 マイナス要素をプラスに転じる発想転換という「魔法」 60
16 ハキハキとした口調よりも正確に話すことが大事 62
17 売れている営業マンが実践している7つのステップ 66

第3章 営業マンは自動販売機と同じでいい

18 客観的であることが信頼感を生み出す 72
19 商品への想いよりもお客様を思う気持ちを重くする 75
20 分かりやすさの究極のカタチは自動販売機 78

21 相手の期待値を少し越えるだけで充分 80
22 たとえ楽しませたとしても恥をかかせてはいけない 83
23 自分なりに効率の良い営業スタイルを身につける 86
24 カラダを使った話し方なら意識を集中させられる 89
25 会話で失敗したときはカバンでカバーする 93
26 契約というゴールが来たら決断を尊重する空気づくりを 96
27 優先順位の高い業務をあえて後ろに回そう 99

第4章 ピンチから脱する一手を持とう

28 一番伝わる営業トークの構成は「結・起・承」 104
29 印象に残る方法は自分のイメージの単純化 107
30 特徴をメリットに変換できる視点を持とう 110
31 お客様と「議論」になりそうなときは憧れのヒーローを思い出そう 113
32 自分なりの距離感を見つけられれば優秀な営業マンを演出できる 116
33 どんなに成績が好調なときでも行き先は3つ持つこと 119
34 自分が目指すべき役割はお客様から与えられることもある 122

35 担当する地域のトークで紹介の幅が広がる 125
36 シチュエーションが想像できれば契約への大きな一歩に 129
37 迷っている空気を察したら「聞く、聞く、答える」 132
38 夢と目標を語ろう！ 「ただし」必ず社外で！ 135

第5章 「記憶に残る営業マン」になろう

39 セルフプロデュースは社外でやる前にまず社内から 140
40 ライバルが多い商品を売るときは人間味を前に出そう 143
41 デメリットこそ「早めに楽しく」説明しよう 146
42 うわべだけのセールストークはウソをついているのと変わらない 150
43 ジェスチャーを大きくすることで「置いてけぼり」をつくらない 153
44 数字を口にするときには微笑むのを忘れずに 156
45 予定していた時間より早めに終わるという思いやり 159
46 お客様と歩いているときは本音を聞き出す大チャンス 162
47 悪い印象を残すことなく好印象と余韻は残そう 166
48 クロージングの打率を上げる「黙る」という技術 170

49 紹介体質になれるセルフトレーニング 174
50 手本にする一冊で営業人生が変わる 177
おわりに・180

第1章

なぜお客様は、あなたという営業マンから買いたくなるのか？

1 街を歩けば発見がある。だから営業は楽しい

渋谷で見た衝撃の光景

１９９７年の12月に公開された映画『タイタニック』は空前の大ヒットとなっていました。

私はこの映画を観ようと渋谷の映画館に行ったのですが、人が多くて入れない状況でした。ただし、チケット代３０００円を支払えば、２階席に特別に入場できる、とのこと。本来の映画料金の２倍近い３０００円は決して安くはありませんでしたが、私は思い切って購入しました。

その席はゆとりがあり、快適に観劇できました。途中までは…。

なんと、私の斜め前あたりに座っていた中年紳士が、映画を観ながら携帯電話で商談を始めたのです！　かかってきた電話に返事をしているような雰囲気でしたが、5分経っても、10分経っても、電話は終わりません。

そしてクライマックス。豪華客船が沈み始めた頃に「あ、今、忙しいんで」と、

中年紳士は電話を切ったのです。

３０００円も支払った映画鑑賞を台無しにされて、私が怒り狂ったエピソードなのでは？　と思われた方もいると思います。ところが、そうではありません。中年紳士の話し方が、とても参考になったのです。

自分主導で会話を進めながら、相手が語る「間」を充分取って、押しつけがましさを感じさせない。まさか、**こんな場所で営業の勉強ができるとは思いませんでした。**

株式投資をする人は、街中で投資のヒントを見つけると聞いたことがあります。営業マンも同じです。いい話法を聞いたら「取り入れたくなる」し、悪い話法なら「こういうのはやめよう」と別の意味で勉強になる。街を歩いているだけで、毎日ヒントがいっぱいあります。

そう思って周りを見ながら歩いてみると、街は本当にいろいろなものであふれています。必ずしもヒントだけではないかもしれませんが、面白い発見はたくさんあるはず。だから外を歩く営業という仕事は楽しいのです。

2 「営業」と「接客」には大きな違いがある

引退まで毎月ノルマを達成した大先輩

トヨタの販売会社に「営業マンの中の営業マン」と、周囲から見られている先輩がいました。

年齢は私より少し上ですが、私が入社したときにはもうトップセールスマンでした。もちろん毎月のノルマは必ず達成。私が退職後にお会いしたとき「店長になって現役を引退するまで、すべての月でノルマを達成したよ」と話されていたほど。

その先輩のエピソードの中で、強烈に印象に残っているものがあります。

ある大手企業の社用車は、ほとんどこの先輩から購入しているのではないかと思わせるほど、数多くの受注が先輩のところに集まっていました。先輩の細かな配慮や、間違いのない納車手配もあり、受注の切れ目がないように見えました。

あるとき二人で話をする機会が得られたので、ストレートに質問してみました。

「決裁権のある人に出会うのに、どのような方法を使ったんですか？」

「あぁ、お詫びだよ」と先輩は、何気なく答えてくれたのです。

お詫びが目的なら決裁権者にも会える

その大手企業の社用車は、以前からトヨタの販売会社に整備を依頼していたそうですが、あるとき、社用車に不具合が見つかりました。普通はメカニックの人間がお詫びに行くところですが、そのときは先輩も謝罪に行かれたそうです。

相手の現場担当者の方に会うと、こう伝えたと言います。

「こんな大事なことは、きちんとお詫びしなくてはいけません。ぜひ、課長さんにも謝りに行かせて下さい」

課長さんには、「こんな大事なことは、きちんとお詫びしなくてはいけません。ぜひ、部長さんにも謝りに行かせて下さい」と伝える。そうして、「お詫びの階段」を上っていきながら、決裁権のある方にまでたどり着き、誠実な態度を信頼していただいて、それ以降は先輩だけに社用車の受注が来るようになったのです。

「お詫び」という本来ならイヤな作業をチャンスととらえられる、その感覚。

目の前のお客様に一生懸命対応することを「接客」と考えるなら、その先輩がされていたのは、まさしく「営業」でした。「営業」と「接客」では、そもそも発想が違います。**もっと開拓することや、もっと出会うことを、いつでも模索するのが「営業マン」の発想**です。それを認識することが営業マンの第一段階。テクニック論は、その次の第二段階だな、とその日からずっと考えています。

この本に先輩のことを書くために、久しぶりに電話をしたのですが、やはり当時を思い出して緊張しました。同時に、社会人の最初に、何年経っても色褪せない貴重な経験をさせてもらったことに、感謝の気持ちが湧いてきます。

3 年代ごとに目指すべきステージがある

まずは初対面で信用されよう！

今、この本を書くために、これまでの経験を思い出しています。良かった体験も、そうでない体験も、どちらも鮮明によみがえり、様々な感情が交錯しています。

不思議なもので、そうしていると「自分はこういう営業マンになりたい」という目標が、今まで以上にはっきりとしてきました。


40歳代に入ってすぐの頃、ある新婚のご夫婦にご提案した際の話です。

ご提案が終わった頃に60歳代ぐらいの品の良いご婦人、奥様のお母様が部屋に入って来ました。奥様に「この方は保険屋さんで、お話を聞いているの」と紹介していただいたので、「こんにちは！　お邪魔しています」と元気よくご挨拶しました。

お母様は私を見るなり「…信用できそうね」とつぶやかれたのを覚えています。

それから、「私の保険の見直しもお願いしようかしら」とだけ話されて、すぐ隣の部屋に移動されました。

後日改めて保険の新規加入などのご提案をして、全件ご成約になったのですが、そのときに、「最初に顔を見たときに、契約することを決めた」と言うのです。私は何を見抜かれたのだろうと、驚きました。

実は、同時期に「湯浅さんに最初に会ったときに、保険に入ることはなんとなく決めた」という方が、何人もいらっしゃいました。不思議でした。私が20歳代や30歳代の頃には、そんなことはなかったからです。

「前任の○○さんには、あれこれ保険のことを聞いていたけど、湯浅さんには任せておこうと思った」

「人を見る目が厳しい○○さんからのご紹介だったから、驚いちゃって。そんなことは初めてだったから、それだけで何か保険に入ろうとは思ってたよ」

これらは単なる自慢ではなく、根拠がある話なのです。

そこにいるだけで売れる営業マンを目指す

私が、保険会社に転職してすぐ、まだ20歳代の頃に上司に教えていただいて、それ以降ずっと大事にしている言葉があります。

「営業マンには、それぞれにステージがある。20歳代は、可愛がられる営業を目指せ。30歳代は、信頼される営業を。40歳代は、尊敬される営業を目指すんだ」

私は大阪支店で、その上司はお隣の神戸支店の課長を務めていたのですが、家が近かったので、自宅に招かれることも多く、ずいぶん可愛がっていただきました。その方の言葉なので、特に耳に残ったのでしょう。実現できたかどうかは別にして、この境地を目指し仕事に励んできました。

最初にお会いしただけでご契約を決めてくださった方々がいることは、営業マンとして本当に光栄なことです。尊敬される営業を目指した結果、お客様からの信頼も獲得できたのだと思います。

そして、50歳になった今、**「50歳代は、そこにいるだけで売れる営業を目指そう」**と思っています。

それまでの経験、実績、自信、そして人柄のようなものが第一印象に出ている営業マン。名刺をお渡しして30分ほど話しただけで、お客様に自然と溶け込んでいる営業マン。そういう存在になろう、と日々心がけています。

4 お客様も気づいていない要望を導き出すのが営業の役目

違和感はニーズの入口

以前にRV（レクリエーショナル・ビークル）車と呼ばれる「野山を駆けるような雰囲気の、街乗り用の車」が、若い世代を中心に大流行したことがあります。

あるとき、やさしそうな雰囲気の30歳代の男性が一人でショールームにやってきました。「RV車を検討している」とのことだったので、パンフレットをお渡しして話をしました。

男性は隣町で業販（一般向けではなく業者向けの販売）専門の会社をご家族で経営されていて、「会社名義でRV車を購入したい」とお考えでした。当然、お金も会社の経費の一環として支払いたいとのこと。

ただ一言、ポロッと「たまには家族で乗って…」とこぼしたのです。

「あれ？　なんか変だな…、違和感があるぞ」と私は思いました。

「若者向けの車」と「家族を乗せて」は、イメージがピッタリ合います。「業販専門の会社を経営」と「会社名義で購入」もしっくりきます。

しかし、「若者向けの車」と「業販の会社」が合いません。希望されていたのは、スカイブルーのRV車ですが、配達用の車はすべて白一色の冷凍車で、会社名義で何台も保有しているそうです。

話をうかがっていくうちに分かったのは、本当は**「主に会社で使って、たまには家族でも乗れる車」**を探していたということ。そのため、いかにも商用車という地味な車では家族が嫌がる、ということを心配していたわけです。

話を聞くことでお客様の考えは整理できる

そこで、ビジネスワゴン・ツートンカラーという珍しい車をご提案してみました。「青みがかったグレーのツートンカラー」という絶妙な地味さ加減で、冷凍車と並べて停めても違和感はほとんどありません。子どものお迎えに行っても「パパ、恥ずかしい」とは言われない色遣いです。

「冷凍車と並べて停めても違和感がなくて、さらに家族を乗せても恥ずかしくない車を下さい！」

一言で言えばそうなるのかもしれません。しかし、**自分の考えをそこまで整理してから来店されるお客様はそう多くはいません**。

私は、この仕事でそれをはっきり学びました。お客様の言葉が、そのまま実際のニーズだと信じ込んで、若者向けのRV車だけを勧めていたら、ひたすら値引きしてお願いするだけの仕事になっていたかもしれません。実際のニーズは少し違うところにあったわけですから、購入には至らなかったでしょう。

お客様の話を聞いて、それをひとつひとつ整理していく。すると、お客様本人も気がつかなかった「本当の」ニーズや想いが浮かび上がってきます。

この一件では、お客様に車を気に入っていただき、経営されている会社もご紹介していただいて冷凍車の受注も決まる、という最高の仕事になりました。

「ありがとう」の気持ちを、言葉だけでなく「ご紹介」という形でいただく。そこまでいけば、営業は本当に楽しいものです。

5 あなたの営業スタイルはお客様に合っている？

遅刻でもないのに15分前に電話をしてくる営業マン

ある食事会があった夜のことです。その日の夜は、保険代理店の社長とベテランの営業マン、私の三人での食事会でした。

たまたま、社長と私が予定時刻の15分ぐらい前に到着して待っていたときに、ベテランの営業マンから、社長宛てに電話がかかってきたのです。

「今、駅に着いたので、そちらに向かわせていただきます。安心して下さい」

私たちは、驚きました。ベテランの営業マンは私たちが店に着いていることを知らないにもかかわらず、自分が遅れて、二人が先に着いている可能性を考えて、ためらうことなく電話をかけてきたのです。

電話を切った後、社長と「さすがですね」と感心しました。

実は、このベテランの営業マンは、医師を中心に、高額な保険を専門的に提案し、多くの売上を上げているスーパー営業マン。

高額商品を好まれるお客様ほど「予定通り」に進んでいくことを好みます。不正確なやりとりや、手違いで進みが遅れるということに、嫌悪感を持っている方もいます。そのことがカラダに染み付いているため、「遅刻する可能性はなくても、一度こちらから電話を入れておこうと思った」というのです。

営業マンであれば誰しも「高額商品をご契約してもらって、スマートに好成績を上げたい」と一度は思います。しかし、そのために「自分の営業スタイルを変えよう」とまで思う人は少ないでしょう。そこまでしているベテラン営業マンが、トップセールスマンであるのは、当然の結果なのです。

15分遅刻しても電話をしない営業マン

「すいません、道が混んでいて」

損害保険会社のトップセールスマンである私の友人は、約束の10時30分から15分遅刻しても、悪びれずにお客様にこう言ったそうです。

そもそも、その日の10時30分にアポイントを2件重ねて入れてしまっていたことに気がついたにもかかわらず、彼はそれを修正しませんでした。

その友人はどうしたのかというと、まずアポイントが重複したお客様のひとりの元に「すいません、道が空いていて早く到着してしまいました」と10時15分に訪問。その後、もう片方のお客様宅を10時45分に訪問し、先程のセリフ「道が混んでいて」を言ったそうです。

ひどい営業マンだと思われますか？　でもこの彼、一日のアポイントがなんと20件もあるのです。彼のモットーは「用事を郵便で済まさない」こと。関西エリアで有名なトップ営業マンです。

先に挙げたベテランの営業マンのお客様層は、落ち着いたお医者様。対して私の友人の営業マンのお客様は、忙しい自営業も多い。

成績がいい営業マンは、自分のスタイルに似合うお客様と、お付き合いします。

三教《さんきょう》、九流《きゅうりゅう》。元は中国の言葉ですが、日本語では「さまざま」「くさぐさ」と読むそうです。あえて今風に意訳すれば**「それぞれ自分流がある」ということ。**

自分を磨くことは大切ですが、自分に向いているお客様と付き合い、伸びていくことも重要なのです。

三教九流　三教は、道教、儒教、仏教を指し、九流は宗教上などの各流派を指す。そこから現在では、様々な職業、雑多な人などを指すようになっている。なお、村上知行著『水滸伝』（社会思想社刊）では、「さまざま」（三教）、「くさぐさ」（九流）と読ませているので本書でもそれに倣っている。

6 自分の感情をストレートに伝えていい

営業マンは会えないのが一番ツライ

保険会社に転職して、5年目。私は猛烈なスランプを経験しました。何をやってもうまくいかず、とにかく成績不振の日々が続きました。気持ちも優れず、食事もあまり進まなかったせいか、65キロあった体重も、59キロまで落ち込みました。

スランプの原因を考え、それぞれに解決策を見つけて軌道修正を試みました。この頃の私の仕事の基盤は、自分で考え抜くことだったのです。

考えて、考えて…、そうして思い当たった**不調の原因のひとつが「今日お客様に会う理由を言わなくなった」ことでした。**

生命保険の営業マンをしていて、一番ツライのは「お客様からの面談のお断り」です。生命保険業界に限らず、すべての営業の仕事がそうだと思われるかもしれませんが、生命保険の場合は、他の営業と少し意味合いが異なります。

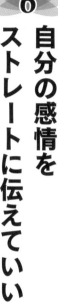

例えば、車の営業マンの場合、一度面談を断られても、新型車が出ればそれを理由に面談のオファーができます。意外と快く会ってくれることも少なくありません。

しかし、生命保険の場合には、一度断られた方に「もう一度会うための理由」を探すのは、至難の技なのです。かつての私もそうでしたが、保険業界で営業マンとして働いたことがある人は、誰もが一度は「今日会う理由」をボヤかしてしまおうとする時期があります。

「近くまで来ましたので…」

「皆さんでお花見に行きませんか…」

「保険会社として社会貢献に取り組んでおりまして、その案内に…」

残念ながら、このボヤかしは成績を下げるだけです。スランプに悩んだ当時の私がまさにそうでした。「今日会う理由」を見つけるのは大変ですし、言わなくなった気持ちは痛いほど分かりますが、それが営業成績を下げていたのです。

自分が驚いたことをお客様と共有

成績不振の原因のひとつはコレだ、と思った私は、話し方の軌道修正をしました。

金融マン、保険マン、という型枠をいったん外して、「保険業界の素人」のような話し方に戻してしまおう、と振り切ったのです。

タイミングよく、保険会社に新商品が出ました。医療保険であるにもかかわらず、解約返戻金と呼ばれるお金が貯まっていく商品で、契約途中でお客様に「万が一」のことがあった場合には、そのお金は、ご家族に渡るというものでした。

なんてバランスのいい医療保険なんだと、社員である私も驚きました。そして、そのまま**「驚いた」という事実を、訪問先や電話口でお客様にお伝えするようにしてみました。**

「いい商品が出ました。そのサービスに私も少し驚いています。よかったら見ていただきたいと思っています」

その言葉を素直に重ねた結果、私の成績がじわじわと上がっていったのです。

もし、自社にいい新商品が出てきたなら、カッコよくスマートに紹介するのもひとつの手段ではあります。一方で、ストレートに「うちの会社の新商品に、私自身も驚いています」と言ってしまうことに大きな効果があるのだと気づかされました。

今、スランプに悩まれているなら、一度試してみてはいかがでしょうか。

7 不人気商品を売るために話法を考えるという「発明」

「売上世界一」の営業マンの教え

私が駆け出しの生命保険営業マンだった頃。上司の紹介で、世界的保険会社の「月間売上世界一」になったことがある、スーパー営業マンの方とお会いするチャンスがありました。

いろいろお話ししていただいたのですが、一回では聞きたいことが終わらず、再度アポイントを取り、事務所に遊びに行かせていただきました。

まだ怖いもの知らずの時期だったこともあり、ストレートに質問してみたんです。

「どうしたら、営業成績は上がりますか？」と。

いざ口に出してみると、質問が直球すぎて「笑われるかな」と思ったのですが、その「売上世界一」の方は、まったく間を置かずに、微笑みもせずに真顔で即答してくれたのです。

「自分の所属している会社で、一番人気のない商品を売ってごらん」

せっかく「売上世界一」の方に教えていただいたのですから、実行しない手はありません。私はすぐに、一番人気のない商品の営業を始めました。

その結果…すぐに壁に突き当たりました。

人気がない、ということは会社からすれば、販売重点商品ではない、ということ。仮にご契約をしていただいても、営業マンの成績評価には、ほとんどつながりません。そんな商品を提案してまわる時間があれば、もっと販売重点商品を営業するほうが、いいのではないかと思ってしまうのです。

しかし、「売上世界一」の方が言われたことです。私は、「人気のない商品を売ってみる」と再度決心して、お客様にご提案することにしました。

当時、私の勤務していた保険会社でもっとも人気がなかった商品は、10年で満期を迎える貯蓄型商品。内容を吟味してみると、商品そのものは意外とよくできているものでした。

それでも人気が出ていない理由は、1件ご契約いただいても営業マンに対する会社の成績評価が極端に低い、ということでした。私の肌感覚では、ゼロ評価。契約

しても評価が上がらない。これでは人気不人気というよりも、そもそも売る気にな
れません。卵が先かニワトリが先かではありませんが、営業マンが売ろうとしなけ
れば、商品の人気など上がるはずがありません。それが理由だったのです。

不人気商品を人気商品にプロデュース

営業所の中で、誰も手掛けていない保険商品ですから、前例もなく、提案の方法
が分かりません。この保険をアピールするには、何をお伝えしていけばいいのか、
一から考えていく必要があります。

これは本当に大変でした。まさに、「話法を発明している」ようなものでした。

私は、まず分からないと感じた**「どんな方に」「どういう話し方で」「保険のどの
部分を」**の3点を徹底的に突き詰めました。

そこで「団地にお住まいの主婦の方に」「教育費の積立になるだけでなく」「途中
で保険料の支払いを止めてもいい（払い済み、という機能を使います）」という点
をお伝えすることにしたのです。

すると、話はスムーズに進み、なんとご契約だけでなく、その商品目当てのご紹

介を何件もいただくようになったのです。

会社で誰も提案していない不人気保険商品を、ご紹介の数珠つなぎができるまでの人気商品にできたのは大きな自信につながりました。約3ヵ月間、苦しい試練でしたが、確実に身になった経験です。

この時期から数年して、私の勤務していた保険会社は、逓増定期保険という新型商品の販売を始めます。そのとき、私はワンフロア100人近い営業マンの中で、プレイングマネージャーの課長を除けば、契約件数ナンバーワンになるのですが、そのときの素地は、すべて「売上世界一」のスーパー営業マンの方の助言にある、今から振り返るとそう思います。

ちなみに、「売上世界一」の方に、後日お礼に伺ったときのこと。

「おかげ様で、成績が上がり始めました！」と、お伝えしたところ、返事はたった一言、「そうだろう」のみ。どういう展開になるか、予想しておられた様子です。

やはり「世界一」は、さすがですね！

8 知らないことがあっても一緒に調査すれば好感度アップ

会話だけで商品案内をする新人

トヨタの販売会社入社2年目に、私は新人育成の担当者に選ばれました。自らの営業を頑張りながら、張り切って新人の指導もしていました。

そのときの新人君の話です。とてもやる気はあるのですが、すでに持っている知識で話そうとするクセがありました。自動車が大好きでトヨタの販売会社に入社してきたので、パンフレットに書いてあることはすでに頭に入っています。そのため、メモを取る回数が少ないのが気になっていました。

ある日、私に販売提案をしてもらうというロールプレイをしました。すると案の定、パンフレットを使わずに話をしようとするのです。

学校を卒業したばかりで、誰が見ても社会人1年生の若者。そんな彼の暗記トーク。問題はそれが正しい情報なのかどうかということではありません。**自動車とい**

う「高額な」買い物なのだから、お客様は自分の目で確かめたいのです。スタッフの暗記だけを信じて買う人はいないことを、私は説明しました。

「お客様がご契約をするということは、お金を支払うということ。ムダなお金は誰だって支払いたくないよね。

提案する側のスタッフにしてみれば、当たり前すぎる商品知識は、何も見ずに語ったほうが、カッコいいと思ってしまうかもしれない。ただ、それだとお客様は不信感が先に立って、大切な話の中身が伝わらなくなってしまうよ」

「あなたが正しい知識を持っているか」ではなくて「**お客様から、どう見えているか**」が大事だと説明したところ、彼も理解をしてくれました。説明の仕方を変えた結果、彼の話法がどんどん良くなったのを覚えています。

「知らない」ことはその場で調べる

その後、私は保険業界に転職したのですが、とにかく調べものが多い業界であることにびっくりしました。自動車販売の世界も、新車が出るたびに調べごとは必要でしたが、保険の世界はさらに細かい。お客様とのアポイントまでに、調べものが間に合いそうにない場合も、しばしば出てきます。

そこで私は、お客様の目の前で調べることにしたのです。

生命保険なら税金の仕組みを、損害保険なら特殊な割引制度を、目の前で電話をしたり、スマホを使って検索するなどして調べるようにしました。目の前で「調査が進んでいる」かのような雰囲気を心がけて、「なるほど、そうか！　知らなかった！」を正直に伝えました。すると「保険って、楽しいんですね」と**一緒になって楽しんでくださるお客様が増えた**のです。

仮に完璧に調べて、完璧に暗記してから話をしたら、こんなプラスの反応はなかったでしょう。途中まで調べておいて調べきれなかった最後の部分を、目の前で「調査」することで、エンターテインメント性を演出できます。

「なぜ調べきれなかったかといえば、それほどまでに、この保険が特殊で前例のない商品だからです。今、お客様にお勧めしているのは、そんな商品なんですよ」と、そのまま話をするだけで、伝わることもあるんです。

お客様に知識のことで不安感を与えてはいけません。「知らない」を逆手にとることが、営業マンの腕の見せどころでもあるのです。

9 紹介者に「ひとつだけ」事前にお願いしておくこと

お客様が1対2になる状況を避ける

毎日営業で提案を続けていると、熱心なご紹介者さんに出会うことがあります。中には営業マンと一緒に知人のところに訪問してくれて、提案をサポートしてくれることもあります。これは本当にありがたいことです。

ただし、その際にひとつだけ紹介者にお願いしておくべきことがあります。**「商品のご説明だけは、私のほうからやらせて下さい」**ということを、必ず丁寧にお伝えしましょう。伝え方は、皆さんの普段の話し方があると思いますので、自分流でいいと思います。

理由は簡単。紹介者と、営業マンがグルに見えてしまうからです。

提案活動に同行までしてくれる紹介者は、自分が購入した商品にも満足している上、営業マンであるあなたのことも気に入っているはずです。それとともに、紹介する自分の知人のことも大事に思っています。つまり「本当にいい人」なのです。

そのため、ついつい良かれと思って、営業マンと一緒に相乗りする形で「自分が気に入った商品」をアピールしてしまう人も多いのです。

知人の立場から考えたとしたら、疑問符がつくと思います。最初は話を聞いてくれたのに、だんだんと「ん？　ん？」という怪訝な面持ちに変わっていきます。これでは、せっかくの紹介者の厚意も、逆効果になってしまいます。

繰り返しになりますが、紹介者の方には「〇〇さん、今日は同行ありがとうございます。本当に嬉しいです。どうかリラックスしていて下さい。商品の説明は、すべて私が責任を持って行いますね」と、事前に伝えておくことを忘れないで下さい。

そして、翌日に同行までしてくださったことのお礼を、きちんとお伝えしておく。そうしておくことで「何だよ、せっかくついていったのに話をするな、なんて！」とは思われず、関係が深まることはあっても、切れることは絶対にありません。

10 ドン底からの奇跡の一手！「提案しない」という営業

営業成績だけでなく健康状態も悪化

保険会社に入社してから5年目に、かつてないほどの成績不振に陥りました。新契約が少ないこともありますが、何よりも「加入された方が、2年間ご契約を続けられているかどうか」の指標である継続率が、90％を割ってしまったのです。契約された方のうち、10人に1人は2年以内に解約していることになりますから、生命保険の営業マンとしては致命的です。

「強引に提案しているんじゃないの？」「あの人の営業どうなの？」と社内的に思われても仕方ありません。実際には、これ以上ないぐらい丁寧にご提案していたつもりだったので、悔しい思いをしました。

歯の具合が悪くなり歯医者に行ったときのことです。歯科衛生士さんは、私の歯を一目見るなり「お仕事を頑張っているのが歯で分かりますよ」と、言ってくださったのも忘れられません。私の奥歯がすり減っていたのだそうです。この奥歯の減り方は「悔しい思いを噛みしめている人の歯」の特徴なのだそうで、「運動選手と営業マンに多い」と聞いて、涙が出そうになったのを今でも覚えています。

継続率が下がった原因は、ある事業主さんのご紹介の話に集中しすぎてしまったこと。その事業主さんからのご紹介を受けた方々からご加入をいただいていたのですが、皆さんが同業であったことから、事業主さんの経営が厳しくなったときに、その方々も同様に経済苦境に陥ってしまい、まとめて解約・失効になってしまったのです。

なんとか退職を思いとどまり、前を向いて努力しようと奮起します。しかし、特定のグループに集中してご提案していたということは、他のお客様のご要望の掘り起こしを怠ったということ。新規の話が極端に少ない時期が続きました。

当時の私は、身長182センチ体重59キロ。何を食べてもすぐにお腹を壊す健康状態。復活を遂げるにはどうしたらいいかを毎日考え、成績の良い同僚は何をしているかをよく観察することにしました。

すると、ある大きな特徴に気がついたのです。私はこの「発見」に賭けてみることにしました。もし、この作戦でダメなら保険会社を退職しよう、という大きな覚悟を決めた賭けです。

「なるべく提案しない」という大きな賭け

その成績の良い営業マンは、提案力が高いわけではなく、正直なところ、難しいものを分かりやすく説明する力は、私のほうがあるような気もしました。ただし、案件を同時進行させる事務能力がすごかったのです。

例えば、週末に、Aさん家族、Bさん家族、Cさん家族にご提案をしながら、Dさんから来たEさんご紹介の話を進める、というスケジュールをこなしていました。しかも、すべてのご家庭で、お客様の話された世間話風のご質問に対して、丁寧に調べてから回答しています。良いご紹介が多いのは当然だと痛感させられました。

問題は、自分に同じことができるのか？　ということです。お客様に丁寧にお話しよう、という気持ちは誰にも負けないつもりですが、この同時進行は自分にはできない、きっとどこかで漏れが出てしまいそうだ、と感じました。

そこで勇気を出して、自分流で行くことにしました。お客様に名刺をお渡ししして簡単な自己紹介をした後、相手の話を聞きながら、「そもそも保険を提案する必要がある方かな？」と考えるようにしたのです。

「生命保険よりも銀行預金されたほうが良いのでは？」と思えばそうお伝えしましたし、お店を立ち上げたばかりの方には、「まず生命保険よりも火災保険ですよ」とお話ししました。あえて自分を**「すごい面倒臭がり屋で、できれば保険なんて設計（見積り）したくない！」と設定し直してみた**のです。

これがどれほど勇気のいることか…、営業マンなら分かっていただけると思います。「保険の設計書が欲しいんです」と言う方に、「まだ早いと思いますよ」とお話しするわけですから、これは本当に怖い。

辛抱、我慢を自分に言い聞かせ、「なるべくたくさんの人に出会えるように活動しながら、なるべくご提案をしない」という矛盾した努力を続けました。そのうちに「湯浅さんはいい人だ」「湯浅さんは保険屋さんらしくない」という評判をいただくようになります。そうなると、湯浅が提案した保険は必要があるのだろう、と認識していただき、「提案すると決まる」サイクルに入ったのです。

そして、地獄のスランプから4年後…、生命保険業界で会社の垣根を越えて優秀社員を表彰する「ＭＤＲＴ（Million Dollar Round Table）」で、表彰されるまでになりました。しかも、継続率は99・9％。「入った方は、ほぼ誰もやめない」というレベルまで、奇跡のV字回復を果たしたのです。
「こんな営業マンもいるんだ」と少しでも勇気を持っていただけたら、これほど嬉しいことはありません。

MDRT　1927年に発足。手数料ベースで約1000万円以上などいくつかの基準をクリアした、生命保険・金融サービスのプロフェッショナルが所属するグローバルな組織。会員は世界的に認知された専門家と評される。

第2章

お客様は本音を言う人から買いたい

11 説明がうまいだけではお客様の心に刺さらない

店長が受けた予想外のクレーム

これは営業時ではなく、携帯ショップの店頭販売で起きた話です。

携帯電話を買い替えようとして、とあるショップに行くと、私の横で、30歳代後半くらいのショップ店長と、60歳代と思われる男性が話をしていました。どうやら、従来型の携帯電話、いわゆるガラケーからスマートフォンに買い替えを検討している様子。店長さんはさすがのトークで、きれいに流れるように説明していきます。隣の席の話なのに、私は思わず聞き入っていました。

当然、買い替えるんだろうな、と私が予想した矢先、年配の男性が突然とんでもないことを言い出したのです。

「なぁ、あんた。本当にワシが、この電話を使いこなせると思って説明してるか?」

店長さんが思いっきり動揺したのが目に見えて分かり、ぎこちない声で「も、もちろんです」と答えていました。

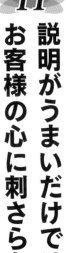

そのタイミングで私の携帯電話の説明が終わってしまったのですが、事の顛末がとても気になったので、しっかりと2人のやり取りを見ていました。結果的にどうやら買い替えは延期になりそうでした。

心に響く説明は凸凹している

実はこのとき、年配の男性の言葉が、まるで自分に言われたかのように、ドキッと刺さったのです。

自分がお客様に説明をしているときはどうだろうか？　車や保険を提案しながら**「きれいな説明」をしている自分に満足していないか？**　と不安になりました。

先程の店長さんの説明は、私からすると本当に分かりやすいものでした。でも、年配の男性からすると、そうではない。マニュアル通りの説明をしておけばいいだろう、というように聞こえたのかもしれません。クレームが絶対に来ない「そつのない説明」で済まそう、という態度に見えてしまったのでしょう。

私は、この「携帯電話事件」以来、店長さんのような話し方を「つるんとした説明」と名付けています。過不足なく情報提供するものの心に何も響かない説明。

それに比べて、自分や同僚の提案が気持ちよく相手に伝わっているときの説明は、結果的にとても凸凹（でこぼこ）していた気がします。**相手に合わせて説明方法を変えると、話がどうしてもガタガタしてしまう。でも、その分、心に響く。**

もし、私が先程の年配の男性にスマートフォンの説明をするならば、「まずは、この機能から覚えられたらどうでしょう」「先日も同年代の方が、この機能が便利だとお話し下さいました」という話を、マニュアル通りの説明よりも、早めに入れるかもしれません。

その後は、それを喜んで下さるか、年寄り扱いしないでほしいと少しムッとされるか、場の空気を見ながら話し方とポイントを変えて説明していくでしょう。

これは提案する側にとって、エネルギーが必要な話し方だと思います。しかし、相手に合わせたオーダーメイドの話し方は、凸凹であっても心に響くものなのです。

マニュアル通りの説明ができることはもちろん重要なスキル。ただし、それがすでにできるようになっているのなら、次の段階として「凸凹した説明」を心がけると、営業マンとして飛躍できるはずです。

12 営業トークには守るべき「型」がある

営業トークは「事実＋感想」で話すべし

自動車販売、保険会社、保険代理店と、いろいろな立場で営業の仕事をしてきました。営業成績の良いとき、悪いとき、どちらも経験して、そのたびに同僚たちと「何が良かったか、何が悪かったか」を話し合いながら整理しています。

そうしていると、成績不振の営業マンから相談されることが増え、いろいろな悩みに寄り添うことも。しかも、同じ会社の社員だけではなく、取引先の営業マンや自営業の方から相談されることも少なくありません。

「いつもはもっと上手に話せるんですけど、いざ営業となったらダメで…」という悩みもありました。

「いい車です。いい保険です。いい○○です」

まだ営業の世界に不慣れな新人さんに多いのが、この「いいでしょ！」の押しつけです。日常会話であれば「あれ、いいよな！」「うん、僕もそう思う！」という会話でも成立しますが、**営業の世界では、まず事実の描写があって、その次に感想を述べる、というスタイルでないとお客様に響かないのです。**

「いい車です。いい保険です。いい○○です」

例えば、「馬力が増したのに、燃費も良くなりました」と、特徴を言ってから「いい車です！」というプッシュなら、素直に聞けますよね。保険の場合だと「保障は同じまま、加入条件が緩くなりました」までお伝えして、反応を待つ。そうすると「それはいい保険だね！」とお客様が感想を述べて下さいます。

業界を問わず、ベテランの商談を聞いてみると、無意識に「事実＋感想」の順番で話をしているのに気がつきました。

「スタートとゴール」をはっきりと

お客様とのなごやかな人間関係を重視する業種の場合、世間話を長くするスタイルの営業手法もあります。長いお付き合いのお客様と、知人のように接する形ですね。その場合、「ここからは商品のご提案をしますね」「ここで、商品の提案を終わ

ります ね」と、はっきり会話の中身を区切ったほうがいいでしょう。

どこまでが知人としてのなごやかな話だったのか、どこからが商談なのか、そしてどこから知人としての話に戻ったのか。その線引きが分からないと、お客様が「ずっと微妙に緊張している」状態になってしまいます。お客様に良かれと思って提案しているのであっても、買い物がお金の移動を伴う以上、**お客様は笑顔のまま緊張しているのです**。

「せっかくの機会なので、ご提案させて下さい」

そう笑顔で区切りをつけて、営業を始めても、お客様は不愉快には思いません。そして「聞いていただいて、ありがとうございました。ご提案は、これで終わります」と区切れば、相手の方にもはっきりと伝わります。その上で、質問をもらったら「笑顔で、手短かに」答える。そうすることで、相手の緊張を解いて、話をスムーズに進めることができます。

13 他社の商品を褒めると自社の商品が売れるようになる

仕事熱心な人ほどライバルの良さが分かる

「自分の提案する商品が非の打ち所がない商品なら、本当に楽なのに」というのが営業マンの本音なのですが、実際にはなかなかそんなことはありませんよね。しかも、本書を手に取ってくださるような仕事熱心な方なら、きっとこういう時期があったことでしょう。

「うちの会社のコレより、あの会社のアレのほうが、いいかも？」

「あの会社のサービス、本当に良いよなぁ。うちの会社もああだったらなぁ…」

仕事熱心な方は、ライバル会社のいいところまで、見抜いてしまいがちです。だからこそ、お客様に自社の商品をお勧めしようとしても、今ひとつ情熱的にプッシュできなかったりすることも…。

この「仕事熱心な人ほど、ライバルの良さが分かる」という現象は、営業の現場では大きな壁になります。特に、営業2年目、3年目ぐらいの方が、この「壁」によく悩んでいるようです。

実は、私もそうでした。

そこで編み出したのが、**「この商品だったら、B社の□□□のほうがいいですよ！」と先手を打って、他社商品を褒めてしまうこと**でした。

これが予想以上にお客様からの評判が良くて、一息で「壁」を越えることができたのです。

もし、今、「自社の商品の欠点が目に付く病」に悩まれているなら、思い切って他社商品を褒めてみるのもいいかもしれません。

「自分が売る商品はひとつだけではない」と割り切って、今回はライバルに花を持たせてみる。そうすると、不思議なことに、それ以外の商品が売れ始めます。

では、具体的にどう褒めればいいのか。次項で詳しくお伝えしたいと思います。

14 条件に合わなければハッキリ伝える。その上で別の武器で勝負する

予想外のお断りには理由がある

「もう説明はいいです。その商品はいりません」

一生懸命に商談を進めて、最後にこの言葉をお客様から聞くのは本当につらいですよね。私も駆け出しの頃に何度も悲しい思いをしました。自分の説明の仕方が悪かったのか、自社の商品が悪いのか、断られた原因を何度も考えたものです。

しかし、冒頭のお断りのコメントを、よく読んでみて下さい。お客様の言葉の中に、失敗の原因を紐解くヒントは隠されています。お客様は「その商品は」と言っているのです。

あなたがもし自動車のセールスマンで、お客様にワゴン車を提案しているとします。そのときに「もう説明はいいです。その商品はいりません」と断りを受けてしまった。

このときによくある勘違いが「うちの車の値段が高かったから」「うちの車の性

能が悪いから」とお客様に聞かずに、勝手に決めつけてしまうケースです。

一言も「値段が高い」とも、「性能が悪い」とも、言われてはいないですよね。「その商品は」いらないと断られただけ。つまり、どこかで**お勧めするべき商品を間違えただけ**なのです。

ご来店の最初の段階では、お客様が商品を決めきれずに、あれもこれもとカタログを見たくなるのは、どの業種でもあること。そのまま迷っていることもありますが、多くのお客様がどこかの段階で「これか、これがいいかな?」と希望される商品を絞り込んでいきます。おそらくそのタイミングでは、心の中で似たような他社商品も検討されていることでしょう。

それが「自動車」という商品だった場合。例えば、ご夫婦のお客様に、ご主人が欲しがっているスポーツカーをお勧めしていたところ、ご主人は好感触。「これは買ってもらえそうだ!」と喜んでいたら、予想に反して土壇場で「その商品はいりません」と突き放される…。本当によくある話なんです。

そこから頑張って「うちのスポーツカーは、こんなに性能が良いんですよ」と強調してみても、後の祭り。「いらない」は覆りません。

こういう場合は、営業マンの前では一言も話されていなかった奥様が、スポーツカーの荷物置きが小さいことが不満で、家庭ではご主人に「あの車はやめましょうよ」とクレームを出していた、ということが多いようです。

こんな「いかにも」なケースで断られるのは、完全に営業マンのミス。「荷物スペースが少し小さいのですが、奥様はこちらで大丈夫でしょうか？」と一声かけなかったことが敗因です。

ここで「なぜ声をかけることができなかったのか」を考えてみましょう。おそらく「ライバル会社のスポーツカーは、ラゲッジスペース（荷室）が広いと知っていた」からではないでしょうか。そのため、ラゲッジスペース（荷室）の話をしてしまうと、ライバル会社のほうにお客様が流れてしまうかもしれない、と危惧したのです。

ライバルのほうが好条件ならそれを伝える

人気商品はあります。でも「完璧な商品は」ありません。場合によっては、他社のライバル商品のほうがお客様の挙げる条件に沿うものかもしれません。

そういうときは、自分からお客様に「実はラゲッジスペース（荷室）のスペースについては、B社さんの□□□という商品のほうが優れているんですよ」と先にお伝えするのも、有効な話法です。**今はネットでさまざまな情報を瞬時に手にできます。商品の機能や特徴などを隠しておけるような時代ではありません。**

それならばいっそ、自分のほうから伝えてしまう。そうして、**お客様の商品選びのサポーターに徹するほう**が、よほど好印象を持ってもらえます。

「このスポーツカー、残念ながらラゲッジスペース（荷室）は狭いんですよ。その点に関しては、B社さんの□□□のほうがお客様には合っているかもしれません。ただし、※※※の点では弊社のスポーツカーのほうが断然優れています」

この※※※に入るものが肝です。ブレーキの性能と安全性かもしれないし、走行中の視認性の良さかもしれない。マイナス部分を補うだけのプラス部分をアピールします。

ただし、「それならB社の車にします」で終わっては本末転倒です。お客様が何を望んでいて、何が琴線に触れるのか、営業マンの事前準備がものを言います。

15 マイナス要素をプラスに転じる発想転換という「魔法」

言い方ひとつでモノの価値は変わる

ある洋服販売店の店員さんを保険のお客様として紹介していただいたことがあります。「将来を期待されているホープらしい」と聞いていたので、接客のノウハウを少しでも学びたいと興味津々だったことを覚えています。

名刺交換の場面で、いきなり驚かされました。彼からもらったのは、とても薄いプラスチック製の名刺。「あれ？」という私の顔を見たのか、さわやかな笑顔で、「洋服の会社ですからね。間違えて洗濯機に入れてしまっても大丈夫なように、プラスチックなんです」と、説明されていました。

「なるほど」と感心したのも束の間「まぁ、ほんとは、このほうがコストが安いからしいですけどね」と、笑ってお話しされました。

コストを下げるための「プラスチック製」の名刺を「洋服の会社だから」と表現するのを本人が考えたのか、店舗や会社で考えたのかは聞けませんでした。しかし、通常のお客様には「コストが安いから」という説明まで話さないそうです。本当のところを語ってもらえたのは、ご紹介者が学生時代の親友だったからです。

普段から「なるほど、考えてるね」と思わせてから、洋服の説明に入るそうで、「洋服作りを真剣に考えている会社だ」という雰囲気をまず伝えてから、商談に持ち込めるように工夫しているそうです。

コストダウンというと「ちょっとカッコ悪い部分」。そんなネガティブな要素でさえ、自分の表現次第でプラスにも変えられる。接客・営業の世界では、そういう「魔法」を使うことも可能なんです。

実は「会社の都合」というタネを明かされなければ、私は「お客様のため」という説明を最後まで信じていたでしょう。

皆さんの会社の「魔法のタネ」は何でしょうか？　それを考えてみるのも楽しいですよ。

16 ハキハキとした口調よりも正確に話すことが大事

誇張されたウソはすぐにバレる！

「舞妓さんであふれる京都に、新築マンションを買いませんか？　ＪＲ京都駅南側すぐの好立地です！」

こんなセールスの電話がかかってきました。京都に行ったことがある方ならすぐに分かると思いますが、京都のあちこちに舞妓さんがいるわけではありません。しかも、ＪＲ京都駅は舞妓さんがたくさんいる祇園エリアからだいぶ遠い場所。京都に馴染みのある人にはすぐにバレる、レベルの低い営業電話でした。

「出会う前からウソをつく人」から数千万円の高額商品を買いたいと思うでしょうか？　注文したものと微妙に違う仕様の部屋が納品されて、こちらがおかしいのではないかと伝えても、誠実に対応してくれないだろうと思ってしまいます。

口調はハキハキとしてテンポは良いものの、売り込みの必死さを感じずにはいられませんでした。仕事がうまくいっている人にある「ゆとり」は微塵もありませんんでした。

あえて言わせてもらいます。**「ハキハキと歯切れよい人」が営業マンとして、決してイケてるわけではありません。**ドラマなどの「ハキハキとした営業マン」は、オーバーに誇張されて描かれているものなのです。ドラマの監督や脚本家は、営業マンの経験があるわけではないでしょうし、「成績の良い、ハキハキとした営業マン」は、空想上の存在です。

もし「ハキハキしていたら、ちょっとオーバーな表現をしても許される」と考えている方がいるのなら、すぐに考えを改めたほうがいいでしょう。

元気の良さが褒められる新人のうちは通用するかもしれませんが、すぐに頭打ちになります。しかも、そこからのスランプがかなり長くなります。元気の良さ一本で頑張ってきたツケで、話法のバリエーションが不足するからです。そういった実例を数多く見てきました。

「自分もそうかも…」と、不安に思った方。大丈夫です！　そこから抜け出す方法は、ちゃんとあります！　心配せずに本書を最後まで読み進めて下さい。

お客様は「自分よりも賢い」と心得る

すぐに分かるウソを平気でつくということは、私からすると「お客様をナメている」としか思えませんでした。そして、その思いは必ず相手に伝わります。

私が知っている**イケてる営業マンは、みな謙虚**でした。「お客様は自分よりいろいろなことに詳しい」と思って接していましたし、その態度が、お客様にも伝わっていました。

お客様が会社員なら「業界のプロ」として、主婦の方なら「育児のベテラン」として、年配の方なら「人生に詳しい先輩」として、心から敬意を持っていました。

その上で、「この商品に関しては私のほうが知識がありますので、話を聞いて下さい」という態度で接していたのです。

「すぐにバレるウソをつく人」と「相手を尊敬して正確に話す人」。もし商品を買うとすれば、どちらの人を担当に指名したいでしょうか?

「相手を尊敬して話す人」から買いたいのならば、自分が売る側になったときにも、同じことをすればいいんです。その態度は、必ず相手に伝わりますから。

17 売れている営業マンが実践している7つのステップ

ひとつ実践するだけで結果がついてくる

成績のいい営業マンは紹介が絶えないもの。ここでは、紹介が途切れない営業マンになるための7ステップをご紹介します。それぞれのステップが「こんな簡単なことで？」と拍子抜けするものかもしれませんが、ほとんどの営業マンが実践していないことばかりです。7ステップのうち、ひとつを実行するだけでも、結果が変わってくるはずです。

ステップ1　紹介されたら行ってみる

例えば、友達からお勧めのラーメン屋さんを紹介されたら、必ず食べに行く。そして「おいしかったよ。紹介してくれてありがとう」と友達に報告をします。相手からの紹介を実行すると**紹介してくれる側の気持ち**が分かります。こういう練習をきちんとしておくと、営業の場でも相手側に立ってものを考えることができるようになります。

ステップ2　紹介体質になる

紹介されやすい体質になるためには、**自分がいないときに話題に出る人**になる必要があります。そのためには、お客様に覚えてもらうことが第一。趣味や出身地、出身校などのエピソードを作り、お客様の記憶に残るための工夫が必要です。もし思いつかない場合は、同僚といろいろな話を出し合ってみるのもいいでしょう。自分でもうっかり笑ってしまう過去の失敗はありませんか？　そのエピソードひとつひとつが、あなたとお客様の距離を縮める宝物です。

ステップ3　正直営業トークを身につける

紹介とは期待の上振れです。あまり期待していなかったけど、意外とこの人、いい営業マンだなと思われたときが、一番お客様からの紹介が出やすいときです。そのためには、**ほほえみながら手短かに話せる**ことが重要です。派手なトークは必要ありません。トークの具体的な方法は、第5章でご紹介します。

ステップ4　商品を提案する理由を事前に伝える

紹介をしてもらいにくい営業マンは、商談がダラダラになりがち。それを改善するには**なぜお客様にこの商品を提案するのかを、訪問前にお客様に伝えておくこと**です。このひと手間をかけることで、スムーズに商談が進められるでしょう。事前に伝えるのが難しい場合は、訪問時の最初に手短かに伝えましょう。商談が、なごやかな雰囲気ながら、引き締まったものになります。

ステップ5　特徴とメリットを分けて伝える

パンフレットに書いてある特徴だけを説明していても、残念ながら紹介はしてくれません。お客様へのメリットも伝えるようにしましょう。もしメリットを整理できない場合は、同僚と**お勧めしたい商品を5分褒めてみる**という練習が効果的。5分というのは意外と長いんです。5分間ずっと商品のお世辞を続けることはできないので、後半からはどんどん本心が出てきます。この事前準備をしておけば、訪問先でパンフレットを読むあなたの声に、本音が乗るはずです。

ステップ6　お客様に本心を教えてもらう

契約後、この商品に決めた理由をお客様が教えてくれることも多いものです。必ずその言葉をメモに取りましょう。そして、**次回の商談でそのフレーズを使って話を進めると**スムーズにお客様の心に入り込むことができるようになります。なぜならお客様の本心の言葉だからです。繰り返し商談を重ねて…、どんどんブラッシュアップしていきましょう。お客様自身で買ってくれた理由を言ってくれない場合は、こちらから「今回どうして買ってくれたんですか?」と聞いてみましょう。多くの営業マンはやりませんが、これをするとお客様の本心が分かります。

ステップ7　あなたの評判を定着させる

お客様の本心からの言葉こそ、次のお客様への最高のセールストーク。**お客様の言葉をどんどんお借りして伝えていく**うちに、「○○さんのお話は、分かりやすい」という評判が定着して、紹介がどんどん出るようになるでしょう。

第3章

営業マンは自動販売機と同じでいい

18 客観的であることが信頼感を生み出す

自分以外の何かを褒める

社会人になってもう25年以上、様々な工夫と努力で活躍を続ける飲食店の方々と出会いました。

沖縄の宮古島から上京してきて料理店を出している人、高級飲食店でスタッフをしている人、お酒を出しにくい状況でも工夫していた経営者たち。皆さん大変魅力的な方々でした。

話をしているうちに、ひとつの共通点が見えてきました。それは私自身が大事にしている「紹介のノウハウ」と驚くほど共通しているものだったのです。彼らは、**必ず自分以外の何かを褒めています**。

沖縄から来た人は、宮古島のお酒を。高級店のスタッフさんは、お店の伝統を。飲食店の経営者は、使っているお肉の貴重さを、「素朴な語調で素直に」褒める。

これだけを聞いただけなら、「自分のお店を褒めるのは、当たり前じゃないか」

と思われるかもしれませんが、私の元同僚が同様の手法で良い営業成績を収めていたので、ご紹介したいと思います。

自分の会社も「遠く」に置いて語る

私は、アクサ生命という会社で、10年間営業をしていました。私の向かいの席に座っていた同僚が、すごく特徴的な話し方をする人で、お客様の前で自分の会社のことを「アクサさん」と呼んでいました。

「アクサさんは、この系統の保険の商品力が高いのでお勧めです」というのです。成績はすごく良くて、お客様の短期の解約もほとんど聞いたことがありません。たくさんの方が、納得されて加入され、機嫌よく継続されていたわけです。

私は気になって、なぜ自社に「さん」をつけるのか聞いたところ「客観的でしょ？」と即答されました。まるで他社のように自社を語る。確かにこれ以上ないくらい客観的です。

同僚は「大きなお金を預かるなら、客観的な話し方のほうが良い」と自分で決めて、実行していたのです。私もずいぶん刺激を受けて、自分自身の雰囲気を考えながら、彼の話し方を取り入れました。

少しだけ他人のような感じで「この部分は、ほんとに良いですよ」と気持ちを込めつつ客観的に褒めると、信ぴょう性が増すのです。

日本にはいろんなお酒があるけど「この部分は」宮古島の泡盛がいいですよ。保険会社は、いろいろあるけど「この系統の商品は」○○生命がいいですよ。

優れた店員さんも、優れた営業マンも、**本当にお勧めしたいときには、自慢の一品を「遠く」に置いて語る**のです。

伝説的な営業の達人にはなかなか出会えませんが、感じがよく気の利いたお店には、すぐに行って学ぶことできるのです。

彼らの話し方をよくよく分解すると、敏腕営業マンと通じる点が多いものです。身近にお手本となる先輩がいなければ、気の利いたお店に行ってみましょう。

19 商品への想いよりもお客様を思う気持ちを重くする

若い人は自然体で営業ができる

「若いからっていう理由で、湯浅さんは僕のことを馬鹿にはしなかった」とある海外不動産の営業マンが、ふと私に漏らした一言です。その企業のグループ会社のイベント保険をご契約していただき、ホッとしていたときに、突然出てきた言葉なので、よく覚えています。

彼はきっとビジネスパーソンとしての、等身大の自分を見てほしかったのだと思います。「若いから」「まだ駆け出しだから」という理由で、自分を低く見られていると感じている人は、向き合っている相手の本心がきっと見えていたのでしょう。

自分より若い人の「たくましさ」に触れる機会が、最近特に多くなってきました。彼らは、「まだ若いからとお客様にかわいがってもらう」営業の手法を、「イヤがる若い人たち」です。

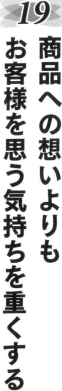

結果的にお客様にかわいがっていただくことはありますし、それ自体は嬉しいことですよね。けれど、最初からそれを狙いにいくことは間違いだと、彼ら、彼女らは思っています。

商品提案を通じてお客様の要望を満たすのが、営業の仕事。それを自然体で話せる若い人たちの営業成績はとても良いことが多く、私にも刺激になっています。

私から買わなくても大丈夫です

営業を始めた頃は私も非常に未熟で「一生懸命な湯浅さんだから応援してあげよう」という、お客様の優しさ込みのご契約が多かったような気がします。

そのため、先輩や同世代で、厳しいプロ意識を持った営業マンには、いつも憧れを抱いていました。

しかし、がむしゃらに突っ走っていた時期でも「商品を通じて満足していただく営業」ができたこともたくさんありました。そして、そのときには決まって「ある言葉」を口にしていました。

「私から買わなくても構いませんから、ぜひこちらの商品を！」

一例を挙げてみましょう。医療保険に未加入のまま、妊娠を希望している新婚の女性がいらっしゃいました。妊娠自体は病気ではないので、民間の医療保険の支払い対象にはなりません。しかし、妊娠のときには、普段より体調不良になりやすいので、念のため保険に入っていたほうがいい、というのが私の考えです。

これは、営業マンとしての成績という欲目を度外視した信念なので、身近な友人知人にも、最近知り合ったお客様にも、常に同じことを言っていました。

そうすると、「私から買わなくてもいい」という言葉が「自然と」口をついて出てくるのです。不思議とご提案が丁寧になり、ご契約が多くなりました。

本心で思っているから、大声で言う必要もありません。いつもと同じ口調で話せます。本心で思っているから、多くを語る必要もありません。簡潔に伝えられます。自分の本心を飾らず語ることが、実は「提案力」を上げることにつながるのです。

20 分かりやすさの究極のカタチは自動販売機

価格から納期まで誰でも分かる

熱心な営業マンの多くは、自分の中に「こういう営業スタイルがカッコいい」や「あの先輩のように、さわやかにご提案してみたい」といった、ある種の理想を持っていると思います。

私にも理想の営業マン像があります。しかし、それはニンゲンではなくてモノ。「自動販売機」だと言ったら、お笑いになるでしょうか。

ひとまず笑いをこらえて、少し思い返して下さい。自動販売機の説明は、なんて分かりやすいことでしょう！

お金を入れる。欲しい商品のボタンを押す。すると、飲み物が1秒後に「間違いなく」落ちてくる。買う人は、そこに何の疑いも持っていません。

しかし、現実の世界では「お客様に迷いがない」状態を作るのは至難の技です。

コーヒー、お茶、ジュース、エナジードリンク…**自動販売機は「自分のラインナッ**

プ」を最初に正確に提示しています。とても分かりやすい。これは、セールスの世界において非常に重要なのですが、意外と営業マンは省いてしまいがちです。

自分は毎日、同じような商品を提案しているので食傷気味。だからちょっと説明を省いてしまってもいいか…と油断があったりするのです。

そういう部分に、お客様がご不満を持ってしまうことが多いのも事実です。

ある保険会社の課長さんに聞いた話では、一番多いクレームは「こんな特約があるなんて知らなかった。聞いていない。あったら入っていた」というもの。要するに「ラインナップ全体を聞いていない」という不満だったそうです。

もし自動販売機のように、最初にラインナップ全体が見える仕組みなら、こんなクレームの声は、届かなかったはずです。

颯爽とカッコよく、自分のお勧めを提案するのも素敵ですが、まずは「手持ちの商品は何か」を、分かりやすく提示できれば、お客様を裏切る結果にはならないでしょう。

21 相手の期待値を少し越えるだけで充分

意外性は誰かに話したくなる

皆さんは、好きなラーメン屋さんはありますか？　味やコストパフォーマンス、その店の匂い、店員さんの笑顔、駅から近くて行きやすい、などいろいろな要素で、ファンになると思います。

ラーメン屋さんに限らず、居酒屋でも、カフェでもいいので「自分が好きなお店」を思い出してみましょう。そういうお店は2種類に分かれるはずです。

ひとつは、雑誌やネットで下調べして、最初から期待して行った店。もうひとつは、店の前を通ってふらっと入り気に入った店。この2通りの好きなお店は、誰かにお話をするときに違いが出ます。

私の周りには、「自分が見つけた店」のほうを友達に勧める人が多いのです。雑誌やネットで調べて行ったお店も、もちろん「よかった」とは言います。しかし、「今度一緒に行こうよ」とは言いません。「一緒に行こうよ」は自分が見つけた店に使う言葉のようなのです。

ふらっと入って「自分が見つけたお店」は、自分の手柄のようで愛着があるのかもしれません。「こんなお店知らなかっただろ、僕が見つけたんだぜ」と言いたい気持ち。でも、ただそれだけが、理由ではないような気がします。

本来ふらっと入ったお店というのは、最初の期待値が低い。その**期待値を、おいしい、安い、雰囲気がいい、などどれかひとつの項目でちょっとだけ越えてくれたら、ホッとした気分になります**。ましてや、おいしい、安い、雰囲気がいい、のすべてが期待値を「ちょっとだけ」越えてくれたら大満足です。

「意外といいね」は充分な褒め言葉

話を営業と紹介に戻します。

お客様にご契約をしていただき、さらにご紹介していただいたときに、よく耳にした言葉があります。

「へぇ、**意外といいじゃないか**」

実は若い頃にこの言葉を聞いたときには、ちょっとがっかりしました。「すごいプレゼンテーションをして、感動とともに次のお客様をご紹介してもらうべし！」と教育されていたので、「どうして意外といい止まりなんだろう」と悩んだわけです。

しかし、今ならそんなことで悩んだりしません。

「現在の保険より、意外と保障がいい」「少し保険料が安いのに、思っていたより特約が充実している」。それだけで、選んでいただくには充分なのです。「意外と・少し・思っていたより」がお客様に伝わったのならば、そのプレゼンテーションは100点でしょう。

気がつけばそれは、自分がラーメン店を選んだり、誰かに勧めたりするときと同じでした。もしできるなら、タイムマシンに乗って、肩に力が入っていたあの頃の自分に言ってあげたいです。

「お客様の期待を少しだけ越えられれば、ちゃんとご契約にもなるし、ご紹介もずっとずっと続くんだよ」と。

22 たとえ楽しませたとしても恥をかかせてはいけない

営業ノウハウの本を鵜呑みにしない

「営業ノウハウの本を鵜呑みにすると怖い」なんて「営業ノウハウの本」で書くことではないかも知れませんが…。「本で読んできたことを、そのまま実行してしまっているんだろうな」と思う事例に出会ってしまったのです。これは否定すべきことではなく「もったいない」と思ったので、あえてお話をしようと思います。

ある販売セミナーで、お客様にたくさんの質問をするタイプの司会者（セールスマン）がいました。スーツ姿もきっちりしているし、話のテンポもいい。自社商品に本気で惚れ込んでいて、熱心に営業しているのも分かります。

でも、この方、残念なことに、よくクイズを出すのです。

「このアイテムは、いったい何種類あるでしょうか？　はい、お答え下さい」

「この商品は、いったい何でできているでしょうか？　はい、お答え下さい」

お客様を話に参加させよう、関わりを持ってもらって話についてきてもらおう、ということはよく営業ノウハウの本に書いてありますし、それ自体を否定するつもりはありません。

ただ、考えてみて下さい。**他にも大勢のお客様がいるところで、自分が指名され、もし回答することができなかったら…恥ずかしいですよね。**

これはセミナー形式だけでなく、一般の提案営業でもあてはまります。

家庭用商材なら、ご夫婦で聞いてもらうことも多いですし、企業同士の取引なら、上司と部下のペアでプレゼンに臨まれる企業さんも多くあります。もし、部下の前で上司に恥をかかせたら…なんて考えるだけで恐ろしいですよね。

これは実は「熱心営業あるある」のひとつ。情熱的で、商品に自信があり、このご提案はお客様のために役立つと信じて疑わないタイプの営業マンや、創業理念がしっかりあって、それに沿って商品開発している企業の営業マンにこのタイプが多い印象があります。

正解を誘導するクイズを出題

私が保険会社に所属していた頃。ファイナンシャルプランナーとして、老後に向けての積立ての大切さを、お客様に理解していただくための工夫をいろいろと模索していた時期がありました。図解形式で厚生年金の仕組みを説明して、要点の部分ではクイズを出題したりしていました。ところが自分が思っているようには、お客様に響きません。

その頃、他の保険会社のエースが転職してきたタイミングだったので、思い切って質問してみたところ、こんなアドバイスをしてくれました。

「**このクイズはお客様に恥をかかせているかもしれないですね**。分かりやすく、答えの選択肢を3択にしてみては？」

しかも目の前で実演までしてくれました。よく聞いてみると、3択の答えのうち、正解の選択肢のときだけ少し声が大きい。これならお客様が恥をかくこともなく、話の展開に乗り遅れることもありません。

すぐに実践すると、たったこれだけのことでお客様からのご紹介が増えたのです。

お客様を楽しませることは大切ですが、それ以上に大切なのはお客様に恥をかかせないことなのです。

23 自分なりに効率の良い営業スタイルを身につける

「訪問、手紙、電話」で効率アップ

トヨタの販売員として働いていたときに、いろいろと指導をしていただいた所長がとても個性的な人でした。縦じまのダブルのスーツに、西洋のお城の絵柄のネクタイ。髪はオールバックで、関西弁の低い声。そして、空手部出身。とても良い方だったのですが、ご本人がわざとそうしていたのか、かなり怖い印象です。

その所長には、よく「効率を考えて活動しなさい」と言われていました。

「毎回は訪問しなくていい、一度訪問したら次は手紙を出しなさい」

「手紙を読んでもらった頃に電話をかければ、2回訪問したくらいの強い印象がお客様に残る」

全軒を訪問していると、体が疲れるためすごく働いた気がしますが、実際に活動できる内容は限られます。「訪問＋手紙＋電話で、次回ご来店のお願い」なら、もっともっと、活動件数を増やせる、と言うのです。

一見すると、体育会系の根性論を語りそうな方が、冷静に「実質件数」を増やす方法論を語られるので、とても印象に残りました。実際、効果はありました。

効率重視か、お客様層重視か

「エリアを意識して訪問計画を立てろ」

これも所長から受けたアドバイスです。これは、○○町のお客様を訪問したら、隣の□□町のお客様も訪問できるように、アポイントを取っていけということです。お客様から面談のお申し出がある前に、「△日の△時ごろはいかがですか?」と、営業マンのほうから指定すれば、活動しやすい状況を自ら作ることができます。

このアドバイスも試してみましたが、(所長には内緒で)すぐに実行するのをやめました。頭の中が忙しくなりすぎたからです。

当時、私の担当した新大阪駅周辺のエリアには、いろいろなお客様がいらっしゃいました。大手企業の大阪営業所や商店街の自営業者、単身赴任のサラリーマン、結婚したばかりの子育て世代まで様々です。

例えば、テレビCMで見たことのある有名企業のオフィスで面談をした後、奥様が赤ちゃんに授乳されている隣の部屋でご主人と打ち合わせ、ということがよく起こりました。ついさっきまで「御社は…」と言われていたのに、「すみませんね、子どもの泣き声がうるさくて」と謝るご主人に見積書の説明をすることになります。

これが私にとっては、意外とハードルが高かったのです。そこで、月曜日は会社訪問の日、火曜日は商店街の日、水曜日はご家庭訪問の日…と決め打ちをして、一日の活動計画を立てました。

移動距離が増えて効率が悪くなっても、自分の頭の中のチャンネルを統一したほうがいい、という割り切りです。当時20歳代前半の私にとって、所長からの指示を聞かないのはかなり勇気が必要でしたが、結果的には良かったと思っています。

効率を重視したほうがうまくいく人もいるし、私のように「お客様層」を限定して話をしたほうが、提案に弾みがつくタイプもいます。**自分のタイプを見極めて、自分に合った方法を見つけ出すことも、できる営業マンの資質のひとつです。**

24 カラダを使った話し方なら意識を集中させられる

お客様の頭の中を占める商品は？

一回のプレゼンで何種類も商品提案するのはクセモノ。どう話したものか困ってしまいます。提案自体は、商品が何種類あっても丁寧に話をするだけなので別に困りません。問題はその中身。お客様が真剣に検討しているときほど、自分が説明している商品ではなく、別のお目当ての商品のことを考えていることが多いのです。

「真剣に検討してくれているなら、それでいいのではないか」と思われるかもしれません。しかし、お客様が先にお伝えした商品のことを「まだ考えている」のと、「まだ考えているかもしれない」のでは全然違います。

お客様が別の商品のことをまだ考えていると分かっているのなら「もう一度補足でご説明します」と話を戻すだけ。しかし、実際の現場では、お客様が今どちらの状態なのか、分からないことのほうが多いのです。

お客様は、営業マンの話を聞いているそぶりはしてくれますが、頭の中では前の

商品が気になっているため、目の前の商品の中身はまったく伝わっていません。

一方、営業マンには熱心に話をした感触だけが残る。「よし、今日の提案は全部決まるぞ！」などと喜んでいても、結局決まらない…。

一時期この状況に見事にはまってしまい、どうして契約が決まらないのだろうとずいぶん考えました。いろいろな方法を試した中で一番効果があったのが、ジェスチャーだったのです。

目の前の話に集中してもらうジェスチャー

商品見本を使って説明する営業マンは、見本を出すときに場面転換ができるため少し有利かもしれません。現物が目の前に現れれば、お客様もそこに集中されるはずですから。

ところが、パンフレットなどの「手元の小さな紙」で提案する場合は、分かりやすい場面転換がなかなかできません。常に冊子が机に積み上がっているような状態のため、「視覚的」に分かりにくいのです。

このピンチを救ってくれたのが、**両手ジェスチャー**でした。

それまでも、利き手の右手やボールペンなどで、お客様の視線を誘導して、見てほしいイラストやグラフに集中していただけるよう努力はしていました。しかし、お客様はそれぞれ自分の見たいページに目が行ってしまい、私の話を聞いてるようで聞いてない、という状態もたくさんありました。

そんなときに、**ガバッと両方の手のひらで一番見てほしい場所を包むように指し示したのです**。派手なセリフは入れず、むしろ微笑しながら無言に近い感じで、両手を差し出しました。

すると、何も言わなくてもお客様の目は見てほしい場所にいきました。そして、私の話を聞きながら「うんうん」とうなずいてくれたのです。

考えてみると、普段の暮らしで、両方の手で何かを指し示すことは滅多にありません。だからこそ、派手な言葉でアピールをしなくても「本気度」がお客様に伝わるのです。

分かってしまえば「なんだそんなことか」ということかもしれませんが、効果は抜群です。ポイントは、多用せず、あくまで「ここ一番の決めどころ」で使うこと。お客様の目は必ずそこに動くはずです。

25 会話で失敗したときはカバンでカバーする

「信じてもらうしかない」という悩み

私が自動車販売の会社から生命保険の会社に転職して、驚いたことのひとつが「提案するモノが見えない」ということでした。

保険なので当たり前といえば、そうなのですが、実際に営業活動に出てみると、本当に大変でした。自動車の場合は、展示車や試乗車がありますから、「乗ってみませんか」「触ってみませんか」と言えば話は進んでいきます。それがどれほど提案する側に有利だったたか、転職してから痛感させられました。

やがて、いろいろな業種の人と交流していくうちに、同じような悩みを抱えていることに気がつきました。保険以外でも、金融商品や化粧品、コンセプト重視の健康食品など、パンフレットや商品見本があることもありますが、**根本的な部分で「説明を信じてもらうしかない」という悩みを抱えていました。**

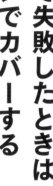

彼らと話をしたり、実際に商品説明を受けたりして分かったことは、説明を信じてもらうしかない業種の人は、ぐいぐいと押して話をしてくる人が多いということでした。

特に、「説明が響いていないな、このままでは契約にならないかも」という雰囲気のときほど、ぐいぐい押してきてこちらに休憩させてくれません。これだと、もともと乗り気だったとしても、引き気味になってしまいますよね。

カバンでその場の空気を変化させられる

彼らを反面教師にしてひとつの方法を編み出しました。それはカバンを有効に使うというものです。

会話の失敗は、会話では取り返せません。そこで、会話が少しぎこちなくなったときは次のようにすることにしました。

- **カバンから新しい資料を取り出す。そのとき軽い世間話などで少し時間をかける。それだけで、お客様の休憩になる。**
- **それまでの資料は引っ込める。カバンから出した資料を広げるとき、それまでと空気が変わっていることを確認してから、話を前へ進める。**

たったこれだけのことを意識しただけで、成約の打率は格段に上がりました。何よりも自分が楽になりました。会話の失敗を取り返そうと、頑張って話をすると、頭もカラダも疲れてしまいます。それが解消されたのは、本当に大きかったです。

カバンの中に「プランB」の資料を入れておいたり、タブレットを活用して別サイトをすぐにご提示したり、お客様のタイプに合わせて事前予想をしておけば、いろいろな場面に対応できます。

間をもたせる。場の空気を変える。自分のペースで、商談を仕切り直す。カバンひとつで、色々なことが、できるのです。

26 契約というゴールが来たら決断を尊重する空気づくりを

営業のプロでも陥ることがあるミス

私が独立して保険代理店になってまだ間もない頃のこと。医療保険が好評の保険会社Aと、がん保険に定評のある保険会社Bを、ペアにして提案しよう、と考えた時期がありました。

保険会社は別なのですが、お互いの良いところを活かせるベストの組み合わせに見えました。せっかくなら、それぞれの保険会社の社員さんに同時に来てもらって「模擬商談」を実施し、一番響く話し方を3人で考えようということになりました。

驚いたことに、保険会社Aの社員さんが、その場で保険会社Bの商品に申し込みをする、という予想外の事態が起きました。保険会社の営業研修ビデオのように「いやー、いい保険ですよー」と言いながら、A社の社員さんは、満面の笑みで契約してくれました。

B社の社員さんはよほど嬉しかったのか、A社の社員さんが契約すると言った後も、ずっと説明を続けていました。いかに特別な保険か、他社に比べてどこが優れているのか…。私は、慌てて（でも笑顔で）こう言いました。

「ダメですよ。**クロージングが済んでいるのに、説明を重ねたら**」

B社の社員さんも、ハッと気がつき、慌てて「そうだった」という表情で、説明をやめました。営業マンが3人集まっていたので、みんなが目を合わせて「そうだった」と笑い合いました。

お客様にとって「契約します」は勇気のいる言葉

「お客様が契約の意思を示したらそこで説明をやめる」というのは、営業の世界では昔からよく言われていることです。

これは、お客様の気持ちが変わらないうちに、ササッと契約書をまとめてしまう、というずるい話ではありません。

立場が逆なら、分かりやすいと思うのですが、何か高額な買い物をするときは、決断をするのに勇気が必要ですよね。しかもはっきりと「買います」と言い出すのは、「後戻りできない感じ」もあって、精神力を要求されます。

それほど勇気を出して発言したのに、その後も延々と説明が続いたとしたら、どうでしょうか？　私なら、少しトーンダウンしてしまいます。

お客様が「買います」と意思表示をしてくれたら、自分の気持ちのすべてを集中させて「ありがとうございます。では、ご契約手続きに移らさせていただきます」と、いったん話を区切るべきなのです。**「決断した」という空気をお客様と共有する**感じと言えばいいでしょうか。

その上で、商品の規定上まだ説明するべきことがあれば「ご契約お手続きに合わせて、確認事項もありますのでどうか聞いて下さい」とお断りして話をすれば、一度区切りがついていますから、雰囲気が崩れることもありません。お客様の勇気を尊重して、良い関係のまま商談がまとまれば、その後にご紹介もしてもらいやすくなります。

「ゴールを一度共有する」ことを忘れずに実行しましょう。それがお客様のためにもなるのですから。

27 優先順位の高い業務をあえて後ろに回そう

営業3年目で成績上位に

私が所属していたトヨタの販売会社では、営業マンの成績は、A4サイズの紙にまとめられて全員に配布されていました。シビアですよね。後輩に抜かれた先輩も、伸び悩んでいる後輩も、フルオープンになってしまいます。

ひとつの販売会社だけのランキングですから、A4の紙は4枚ほど。成績順に並べられたこの4枚の紙の「1枚目」に自分の名前を載せたい、というのが当時の目標でした。

そして幸いなことに、営業マンになって丸3年が経った頃、「1枚目」に載ることができたのです。とても嬉しかったのを今でも覚えています。

私の所属している営業所の先輩方は、素直で気さくな方が多く、「湯浅君はどうやって1枚目に載るような成績を出せたの?」と、すぐにストレートな質問を投げかけてきました。

先輩の質問に真剣に答えなければ、と私が一生懸命に考え、出した答えは「**優先順位の高い用事を後回しにして、急ぎでない用事を先にしたんです！**」でした。先輩が目をパチクリさせたのを覚えています。

「効率の良い動き」に疑問を持つ

優先順位の高い仕事や急ぎの業務を先にやるのは、仕事を円滑にこなすための大事なセオリーです。でも、これが実はクセモノで、「やったほうがいいけど、やらなくても怒られないこと」を、ついカットしてしまいがちなのです。

例えば、「明日のご来店準備」は、必ずその日のうちにしないといけません。優先順位は高い。でも私はその前に優先順位の低い業務をしていたのです。

当時の自動車販売会社では、来店のお礼状を書くことや、ご挨拶訪問、念のためのパンフレット点検などは優先順位の低い「やったほうがいいけど、今日やらなくても怒られないこと」でした。

こうして書き出してみると気がつきますが、優先順位の低い業務には、**お客様へのアプローチに関係するもの**が非常に多いのです。それらをマメにやると、見込みのお客様リストが「太っていく（痩せない）」のです。実際にやってみると、手に取るように分かります。それが楽しくて、当時の私は優先順位の低い作業から順に手掛けていました。

後日、自動車販売とは別の、資材商社の世界で「お客様のメールにサクサクお返事ができるようになったら、成績が落ちる」というジンクスを聞きました。そのとき「同じだ」と思いました。

自動車販売は訪問、資材商社はメール、と業界も営業手段も異なります。それでも**効率の良い動きを疑うことが、営業マンにとって重要**であることは、間違いないのです。

きっと10年後は、現在とは違う連絡手段でお客様とコンタクトを取ると思います。それでもお客様への地道なアプローチが結果をもたらすということは変わらないでしょう。

今すぐに結果が出るわけではないですし、必要な作業でもない。仕事の優先順位としては決して高くないものかもしれませんが、地道なアプローチが重要なのです。

第4章

ピンチから脱する一手を持とう

28 一番伝わる営業トークの構成は「結・起・承」

最初にメリットを伝える

平成6年から営業の仕事を始めて、この本を書いているのが令和3年。時代は移り変わりましたが、一番違うのは「お客様の忙しさ」の感覚だと思います。とにかく、皆さん忙しい。

これは、仕事や家事で忙しいということもありますが、SNSの普及やエンターテインメントの多チャンネル化が加速して「あれも見たい」「これもしなきゃ」が進んでしまった側面もあると思います。

そして、この「なんとなく忙しい感じ」は、もはや時代の空気となっていて、お客様が仕事中だろうと、プライベートだろうと、影響を及ぼしています。

そこで、最近は面談のときに、**まずお客様に効果効能をドーンとお伝えするようにしました。**

「今日は○○という商品をお持ちしました。先日、□□に困っているとお話しされていましたので。きっと、△△の改善にお役に立てると思います」

これが意外なほど好評で、もっと早く始めたらよかった、と後悔するほどです。

この話法、イチから自分で考えました、と言えればカッコいいのですが、そうではありません。実は、テレビのバラエティ番組から拝借した手法なのです。

先の展開を見せるのが効果的

私が学生だった平成元年。そして営業マンになった平成6年。記憶の限りでは、バラエティ番組で、CMに入る前「次のコーナーで一番盛り上がっている爆笑シーン」を先に流すという手法はありませんでした。

爆笑シーンは、予想外の展開だから面白いのに、先に流すなんて本来は、ダメなはずです。それでも、その手法が一般的になっている。私は理由を考えてみました。

視聴者は、予想外の大爆笑よりも「予定通りの小爆笑」を好む時代になったのではないだろうか？

ワイプと呼ばれる小さな窓のような画面から、アイドルや芸人さんが一緒になって笑っている映像を見せるのも「この場面では笑ってもいいんですよ」と、ある種のサポート効果を狙っているのではないだろうか？

そして何より、今からこんなお笑いシーンがありますよ、CMの後には楽しい時間が待っていますよ、と予告することで、視聴者の関心をつないでいるのではないだろうか？

バラエティ番組はともかく、「結論を先に言う」のは、昔から使われていた営業方法で、珍しくもないと思われるかもしれません。しかし、バラエティ番組の「肝心な爆笑シーンの驚きを減らしてでも」この先の展開を見せておく、というスタイルは、以前にはなかったものでした。

「時代が求めているものはコレだ」と、試行錯誤を続けた答えを発表したいと思います。それは、「起・承・転・結」ならぬ「結・起・承」です。

まず結論から伝える。その後でスタートのトークを始める。先程の自分のトークを受けて、データなどで補足する。

これを意識するようになって以来、お客様との話がキュッと引き締まった上に、成約の打率も上がりました。

29 印象に残る方法は自分のイメージの単純化

紹介には2種類ある

お客様からのご紹介での営業活動を、私は20年以上続けてきました。そして、紹介には2種類あります。

ひとつは、自分とお客様が一緒にいて、その場にいる第三者をご紹介していただく場合。もうひとつは、わざわざご連絡をしていただき、どなたかをご紹介していただく場合です。

実は、同じご紹介でも全然違うものなのです。

前者は、私がその場にいるので改めて自分のことを説明する必要がありません。しかし、後者はどうでしょう。「○○な人だから会ってみるといいよ。説明してもらうといいよ」と私のことを事前にご紹介いただいていることになります。そうすると、**自分の、どの部分を覚えてもらっているか**が、とても重要になります。

そもそも私自身がお客様の印象に残っていないと、ご紹介の話自体が来ることはありません。

とはいえ、複雑なイメージを形作ろうとしても、お客様の印象には残りません。

しかも、自分が思っている自分イメージと、実際にお客様の間で浸透しているイメージにギャップができてしまい、うまく広がらない場合があります。

実際に、金融知識が豊富なことが自分のウリだと思っていた人が、「よく分からない話をするけど、とにかく熱心だったから商品を買った」と後から言われたこともあるぐらいです。

単純化してから奥行を作る

成績を上げるためにとった方法は、「湯浅さんと言えばあの保険」というぐらい自分のイメージを単純化させることでした。

そうすると何ができる人なのか、周囲から見て分かりやすくなります。しかも「最近独立された方の社会保険の制度などを勉強しています」と会社の内外で連呼していた結果、お客様層も、20歳代や30歳代の青年社長が多くなってきました。

自分が得意な商品が、周囲から見て分かりやすくなり、よく接しているお客様層は、はっきりしてきます。そのため、ピタッと合った話がお客様の周辺で出ると、紹介していただきやすくなります。「自分のイメージを、あえて限定してみる」という作戦は、分かりやすさが効果を発揮しました。

しかし、です。ワンパターンな話題しかなければ、飽きられてしまうのではという怖れもありました。「イメージははっきりしているが、話題は豊富である」という状態を作らないといけません。

そこで私は、得意な商品を提案した際にAさんが好反応を見せた話を、次のお客様Bさんにも伝えることにしました。するとBさんはそれを踏まえてご自身の意見をおっしゃいます。Cさん、Dさんを経て、Eさんを訪問する頃には、「湯浅さんと言えば、この保険に関して話題が豊富」という状況になっています。

お客様の本当の声、本当のリアクションを集めているので、ウソがありません。それでいて、皆さん少しずつ注目するポイントが違うので、変化に富んだお話ができるのです。

まず単純化して、その後「奥行」を作る。イメージ作りにも、話題作りにも、共通した方法です。

30 特徴をメリットに変換できる視点を持とう

用意された「メリット」を探そう

第1章でもご紹介した、RV車のブーム。ちょうど私が社会人になるタイミングで、トヨタの販売会社でもRAV4という新型RV車を販売することになりました。

そこで、私の最初の販売研修は「RAV4をどう提案するか」を、新人みんなで集まって議論しよう、ということになりました。一生懸命に話し合い、特に男性の新人社員が「エンジンがいい」「小回りがきく」などをセールスポイントとして挙げていました。

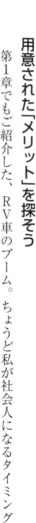

しかし私は、販促パンフレットの1枚の写真をジッと見ていました。売れるカギがその写真にある気がしたからです。それは、助手席の女性が、シートに座ったままドアを開け、両膝をつけたままで足を外に出し、車から降りようとしている写真でした。

RAV4は、従来のRV車に比べて、車の高さをやや低くしていました。これは、女性が乗り降りしやすくなるように、というトヨタ側の気遣いです。「まだ実際に車の販売をしたわけではないけど、売れるきっかけは、たぶんこれだな」直感的にそう思った私は、資料を大事に保管しました。

実際に販売の現場に立ってみて、私の直感は当たっていたことが分かりました。彼氏は、カッコいい車に夢中だけど、彼女は大きな車は乗りにくくて好きじゃない。そういうカップルは、けっこういたのです。

ＲＡＶ４の乗り降りの簡単さの話をして納得してもらうこともあれば、車の高さの話をきっかけにして、もっと車高の低い別の車種に話題が移り、その車を購入してもらうこともありました。

メリットを見つける力を養おう

「車の高さが低い」はあくまでも数字上の特徴です。研修用のパンフレットにその狙いが書いてあることで、私は初めて「メリット」として理解ができたのです。**特徴とメリットは違います**。営業マンは特徴を語りたがりますが、お客様は「どんなメリットがあるか」にしか興味がありません。逆に言えば、**「自分に関係がある」と感じれば、車の高さが少し低いことさえアピールポイントになるのです**。

その後、保険会社に転職すると、この視点が大いに役に立ちました。

保険会社の研修は「商品を正確に理解しましょう」という内容になりがちです。目に見えない商品なので、正確さに重点を置くのは仕方ありません。だからこそ「研修で特徴を掴んで、メリットに翻訳する」作業を繰り返さないといけません。


例えば、損害保険の「弁護士費用特約」。相手の車が赤信号無視でぶつかってきたような、自分に過失がない事故は、保険会社が示談交渉できません。お客様が直接相手方と交渉せざるを得ない場合も出てきます。そんなときに「弁護士費用特約」があれば、自己負担なく弁護士さんに頼めますというのが特徴です。

しかし、忙しい方にとっては、「平日の昼間の仕事中に、プライベートの事故のことで思い煩う必要がなくなります」と言うほうがメリットとして伝わる。

「車が低い？　だから何？」から「彼女の乗り降りが楽だから、ドライブデートが今よりも楽しくなるかも!?」までは、ほんの少しの距離。「弁護士さんに頼むお金が保険から出るんだ」から「平日の昼間に私用電話するわけにはいかないよな。俺、私用電話するなよ、と言う立場だし」までは、あとちょっとの距離なのです。

「特徴→メリット」の変換。ちょっとの違いで大きな効果があるのです。

31 お客様と「議論」になりそうなときは憧れのヒーローを思い出そう

お客様の論破はカッコ悪い

営業マンには専門的知識が豊富にあり、お客様に業界知識がない、ということはよくあります。しかし、自動車、保険、住宅など、生活と密接な関係がある商材の場合、お客様も車に乗った経験もあれば、保険に加入されたこともあるでしょうから、「商品に対する持論」を、お持ちのお客様も多いのです。

そして怖いことに、営業の現場では、そのお客様の持論を論破するのが好きな営業マンが、一定の割合でいるんです。

悪気なく論破してしまう営業マンもいます。これは良く言えば、「せっかくだから正しい知識を教えてさしあげたい」という熱心さの表れでもありますが、悪く言えば、お客様に恥ずかしい思いをさせてしまっています。そして、そのことに気がつかない営業マンも多いのです。

ある優秀営業マンが、私と「熱意が裏目に出ている営業マンをどう育てるか？」という話をしていたときに、**「ウルトラマンを論破しますか？」**という刺激的な切り口でアドバイスのヒントをくれました。

その方は、「営業マンのお客様論破が、いかにカッコ悪いことか」と、いつも嘆いていて、それを独特の言い回しで描写し始めたんです。

異なる意見が出たら一回受け止めよう

子どもの頃「ウルトラマンごっこ」をしませんでしたか？　父親や親戚のおじさんなど、大人を相手にして、自分がウルトラマン、大人が怪獣役です。

得意げな顔をして手からビームを出したりして、楽しかったですよね。そんなときに、「なんだ君。ビームなんて出てないじゃないか？」と大人にからかわれたり、論破されたりしていたら、子ども心にどう思ったでしょうか？

知識も経験もある大人から指摘されたとはいえ、こんなに恥ずかしいことはないですよね。

お客様を論破するのは、それぐらい恥ずかしい思いをさせているということです。

私たち営業マンのほうが商品に対する知識や経験が豊富なのは当然です。

…この独特の表現、実に印象的でした。それ以来、「自分自身へのいましめ」としてお客様とは議論しない。もし､自分の提案方法と違うご意見が出た場合には｢そういうお考えもありますよね。しかしながら…」と、**一回は受け止めてから再提案しよう**と決心して今に至ります。

生活用品に対する感想は、人それぞれ異なって当たり前で、お客様にはお一人ずつの思い出があるわけですから。

私のヒーローは、ウルトラマンでした。皆さんのヒーロー・ヒロインは、誰ですか？　もし、お客様と議論をしてしまいたくなったら、ヒーロー・ヒロインの顔を思い出して、まずひと呼吸落ち着いてみて下さいね！

32 自分なりの距離感を見つけられれば優秀な営業マンを演出できる

あなたは「優等生タイプ」？「野生児タイプ」？

「いいですか。もう学生気分は捨てなさい。お客様は友達ではありません」

学生から社会人になったとき、上司や先輩から、こんなふうに言われたこともあるのではないでしょうか。社会人の心構えの話として正しいようにも聞こえますが、営業を実践する観点からすると、少し言葉が足りないのです。

自分に合った距離感を意識して話し方をカスタマイズしていかないと、営業はうまくいきません。

実際、私が見てきた優秀な営業マンは、素敵な自分流を貫いていましたが、彼らをあえて2つに分けてみたら、このように分類できます。

①10人に会ったら全員とご契約。その10人から、お1人ずつご紹介をいただくタイプ。

②10人のうち1人とご契約。その方から10人をご紹介いただくタイプ。

万人からご契約・ご紹介が出る「優等生タイプ」と、「この人だ」という方からご契約・ご紹介がドッと出る「野生児タイプ」と言えるかもしれません。

「野生児タイプ」の凄い先輩の実話？

トヨタの新人研修では、いろいろな営業所に「1週間配属」されました。

最初の営業所で勉強のためについた先輩が、衝撃の営業マンでした。とにかくお客様全員に、友達か親戚のような話し方をするのです。

「これエエんやわ、使ってみいひん？」や、「へぇ、ほんま、そうなん！」といった、いわゆる「タメ口」です。

配属先が大阪だから、というわけではありません。同じ営業所の他の先輩たちは、紳士的な話し方をされていました。そして、その先輩は仲の良いお客様に限った話ではなく、どのお客様にも同じ話し方でした。

一緒にお客様のところを回って営業所に帰ると、驚く私をよそにこう言いました。

「いや〜、お客さんと話をするのは、気を遣うな〜。疲れるわ〜」

決して悪い例として紹介したのではありません。むしろ販売会社の本社からも、優秀社員として注目されていたデキる先輩です。自動車を購入された方に自動車保険をセット販売する率が高く、別の営業所に正式配属された私のところにも「この社員さんを見習おう！」という研修チラシが届いたぐらいですから。

先輩のように、**自分のフィールドに持ち込めたら、無敵です**。「そういう自分」を意識して演出していたのでしょう。社会人人生の最初に、セルフプロデュースに長けた先輩に学ばせていただけたことで、私の営業マン像に大きな幅ができました。

新人研修が終わる頃、その先輩に真顔で言われたことが2つあります。

「湯浅、書け。今の自分の気持ちを書け。新人の気持ちは必ず忘れるから、絶対に書いておけ」

「どこにでもいるようなヤツ（営業マン）にはなるな」

あのときに書いたノートは、私の一生の財産です。初心忘れるべからず。こうして新人の頃を思い出して書くことも、営業とは何かを考え直すことになっています。

営業という仕事をステップアップしたいのならば、自分の提案スタイルを一度点検してみるのもいいかもしれません。

33 どんなに成績が好調なときでも行き先は3つ持つこと

再生工場に入ってしまった

プロ野球の野村克也監督は、成績が伸び悩んでいる選手を再起させるのが上手で、「野村再生工場」と言われていました。営業マンの世界でも、「再生研修」を実施する会社はたくさんあります。どうしても成績が上がらない営業マンだけを集めて研修をしたり、以前は良かったのに最近は伸び悩んでいるという営業マンに絞って研修をしたり、と様々です。

お恥ずかしい話ですが、実は私も、成績不振研修に参加したことがあります。勤務先の保険会社の主催で、全国から「伸び悩んでいる」営業マンが集められて、研修を受けたのですが、これが本当に精神的にきついものでした。

講師役はすべて現役のトップ営業マンたち。しかもかつて、成績優秀社員だけを集めて海外研修を受けたときに、机を並べて学んだ仲間が先生の中にいたのです。

対して自分は「不振社員」として生徒になっている…。これで何も思わないわけはないですよね。しかも、講師役のトップ営業マンが、休憩時間に私のことを見つけて「あれ？　どうして、そっちにいるの？」なんて無邪気に話しかけてきます。この研修の後、猛烈に胃が痛くなりました…。

一人のお客様からのご紹介に頼っていたときで、大元のお客様の事業の経営不振によって、ご紹介いただいた方まですべて解約になってしまったのです。成績計算期間の途中での解約があれば、最初から成績がゼロとなってしまいます。しかも「短期解約」というペナルティも付きますので、プラスマイナスゼロではなく、かなりのマイナス評価です。確かに「再生研修」行きになっても仕方のない状況ではありました。

リスクを分散させる工夫

この状況になる5年前、保険会社に転職してすぐの頃に、生命保険業界の大先輩から、念を押して注意されていたことがあるんです。

「行き先を必ず3つ持て。なじみの会社、なじみの方のご友人グループのご紹介など、何でもいいが、とにかく3つ持て」

これを聞いた当時は不勉強なことに、新契約獲得のためのシンプルな忠告だと思っていたのです。確かに3つの懇意な得意先があれば、そこから毎月契約がもらえるかもしれない、くらいに聞いていました。

しかしこれは、リスク分散の意味も込めたアドバイスだったのです。気がつくのに5年もかかってしまいました。

解約だけでなく、新契約獲得のリスク管理の意味でも、3つの行き先を確保することは重要です。急に、指定の保険代理店が変わるかもしれませんし、ご紹介者の経済状況が一気に悪化してしまうかもしれません。そうなると、新契約も一気にストップしてしまいます。

「再生研修」から3年後、ありがたいことにMDRT（Million Dollar Round Table）を表彰されるほどの成績にまでなりましたが、その要因のひとつが、痛い教訓を踏まえて「行き先を3つ持つ」ことを念頭に置いて活動したことにあります。

勢いのあるときは、ついひとつの行き先に集中してしまいますが、リスクヘッジのためにも、くれぐれも「行き先は3つ持つ」ことを忘れないようにしましょう。

34 自分が目指すべき役割はお客様から与えられることもある

営業マンとしての入口は同じ、出口はそれぞれ

営業マン再生研修で本社に集められたヤリ手の営業マンたちの話を聞きながら、「やはり自分流を貫いている人の成績が良いんだな」と思わずにはいられませんでした。

何人かのトップ営業マンが入れ替わりで話をしていたのですが、みんな言うことが本当にバラバラだったからです。

「お客様の勤め先で話を完結させようなんて、営業マンの怠慢です。勤め先では挨拶にとどめ、週末の約束を取り付けて、ご家庭を訪問して下さい」

そう語る成績優秀者の次の登壇者は、職場で営業活動を完結させて、いかに効率よくお客様を開拓するか、を熱心に語ってくれたりします。

話を聞きながら「やっぱり営業の世界は面白い」と感じている自分がいました。

かつて同じ「優秀者研修」の仲間だったメンバーが先生役に回り、今の自分は生

徒役になっている。その悔しさは、途方もないものがありました。一方で**全員同じ新人研修を受けながら、数年経てばこんなにも自分流に仕上げている**。彼らの創意工夫に目を見張りました。

お客様が与えてくださった私の役割

「私は、どんな自分流にするべきか？」

一人で試行錯誤し、低空飛行ながら1年が経った頃、周囲で途方もないことが起こりました。

お客様も含めて、3人の方が立て続けに亡くなられたのです。皆さん経営者の方ばかりで、残されたご家族ばかりでなく、残された会社の社員さんも大変なご様子でした。

生命保険はスムーズに支払われたのですが、受取りの際の税金のシステムが、ご家庭の保険とは違うこともあり、手続きに戸惑われていました。他にも社会保険の関係や社員の動揺をどう抑えるかなどのご相談が次々と私のところにきたので、できる限りのサポートをさせていただきました。

そうして中小企業の「税務・労務・法務」などに自然と詳しくなっていった私は、

その流れに乗って「湯浅と言えば中小企業応援」「湯浅と言えば会社向け保険」というイメージを作っていきました。

同僚との世間話やお客様との雑談の際に、自分から「経営者応援」の話題ばかり繰り返し振っていったのです。

同時に、以前の失敗を繰り返さないように「イメージはひとつ、でも行き先は3つ」を強く考えていました。

幸運にも恵まれ、若手経営者さんの3つのグループと交わることができ、2年後には、MDRTという業界共通の優秀者認定を受けることになりました。

営業マンとして、「自分のイメージをどう確立するか」は、とても大事なことです。しかしある日突然、お客様側から「あなたに期待している役割は、こうだよ」と指示される場合もあります。

それが企業への生命保険金の支払い、という予想外の流れだったとしても、その流れに全力で身を投じるのも自らを成長に導いてくれます。

35 担当する地域のトークで紹介の幅が広がる

地域の関係性を把握する

毎週、毎週、新規の契約を求めて、ひたすら紹介営業をしていた、保険会社に入って3年目の頃。ふと不思議なことに気がつきました。いろいろな方からご紹介いただいている中で、あるパターンがある気がしてきたのです。

神戸の方からは、北摂地域（大阪と京都の間の地域）の方をご紹介いただきました。北摂地域の方からは、北摂地域と神戸方面の方を。東大阪市にお住まいの方からは奈良県北部のご紹介が多かったですし、奈良県北部の方からは、奈良県と東大阪市の方のご紹介が多かったのです。

そして、堺・松原エリア（大阪市内と南大阪との間の地域）の方からは、堺・松原にお住まいの方のご紹介ばかりでした。

よくよく考えてみると、これは偶然ではなかったのです。大阪駅周辺（いわゆる梅田エリア）で働いている方からの職場を通じたご紹介は、梅田エリアに通いやすい地域の方が多くなる。皆さん、職場を前提に、お住まいを買うなり借りるなりしているから当然です。

東大阪市の場合は、生駒山という山をはさんで反対側にある奈良県北部で、当時若い夫婦向けの一戸建ての販売が盛んでした。保険のことが気になる、子育て世代が、ローンを組んでマイホームを買って、引っ越しされることが多かったのです。「ローンを組んで、家計が大変らしい」と、東大阪市から奈良県北部の方へのご紹介が多くなるのは、自然の成り行きかもしれません。せめて生命保険料だけでも、安くて良いものに変えてあげて、ということでしょう。

そして、堺・松原エリアは、関西でも特に地元愛が強い方が多い気がします。実際、地元の企業に就職する人も多い。引っ越しをしても学生時代の友人同士が、すぐに集まれる範囲の引っ越しが多かったので、ご紹介が地元からは出ないのです。紹介営業を通じて、なんだか関西の人の流れを見ているように感じました。

「地元あるある」は話が弾む武器

日本で最初に自動改札機を本格的に導入したのは、大阪府吹田市に位置する北千里駅。日本で最初の「横に動くエスカレーター」（動く歩道）を置いたのは、大阪国際空港（伊丹空港）。生駒山は、ひとつの山としては日本で一番、神社・仏閣が多く、その数約500。琵琶湖は、世界で3番目に古い湖で、数百万年前は現在の三重県にあった。

これらは「楽しい地元あるある」の一部です。雑誌やテレビで、こうしたネタをやっていると、すぐにメモをしました。裏付けまでは取らないので、お話しするときは「〜らしいですよ」と添えながら、チラッと保険の話に混ぜました。これが意外とウケて場がなごみます。

そしてその後で、「○○さんは、ずっと□□にお住まいなんですか？」とうかがいます。楽しい雰囲気の後ですから、失礼にもあたりません。もし「ずっと地元はここなんです」と言っていただけたらチャンスです。

「学生時代のお友達とは、まだお付き合いはありますか？」

素直な表現ですが、この流れでしたらOKです。お客様は「ああ、紹介してほしいんだな」と察して下さいます。

おまけの話をひとつだけ。

世間話のネタの中でも、特にお勧めなのが、電車の話です。いろいろな地域を走っているので、さまざまなご紹介が期待できます。

特に、私が当時好きだったのは「京阪電車と阪急電車で、冬場の設定温度が、最大4度違う」という小ネタです。

「どちらも大阪と京都を結ぶという点では同じなのに、どうしてこんなに違うのでしょうか?」といった話をしていると、京橋から門真・寝屋川の職域を紹介していただくことができました。京橋から門真・寝屋川は、すべて京阪電車が走るエリアです。

もちろん、偶然の成功体験かもしれませんが、ある一定の傾向があったのは事実。もし紹介に何かの法則を見つけたら、ちょっとだけ深掘りしてみて下さい。意外な発見はあなたの武器になるはずです。

36 シチュエーションが想像できれば契約への大きな一歩に

本当に聞きたいのは実際のところ

「パンフレットに書いてあることは、読んだら分かる」

新人時代に研修で話法の勉強をしていたときに、もっとも印象的だったのが、この教官の一言でした。そして、教官の話はこう続きます。

「お客様が本当に聞きたいのは、実際の話。他の人が使ってみた話だ」

この言葉は、私の心に深く刻み込まれ、決して色褪せることはありません。今では営業マンとしての信条のひとつにもなっています。

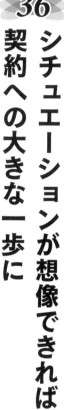

「本当に聞きたいのは、実際の話」。研修が終わって会社に戻ってからは、この一言を活かそうと頑張りました。しかし、入社2年目の私は、自分自身の経験も、話を聞けそうなお客様の人数も限られています。

そこで、「ありそうなシチュエーション」に絞って、実際にこのアイテムを使ってみたらどうなるかを、ひたすら想像してみることにしたのです。

例えば、ワイヤレスキーロック。今ではあたりまえですが、当時はあくまでオプション機能でした。

メーカーが設定したオプションは、バックミラー周辺にセンサーがあり、そこを狙うと鍵は開きやすいというもの。少し不便ですが、電池交換は不要です。

それに対して販売会社が用意したものは、数年に一回の電池交換が必要でしたが、車全体がセンサーになる仕組みで、車のどこを狙っても鍵が開きやすいものでした。

つまりお客様は「有料でオプションを付けるかどうか」「付けるとすればオプションAにするか、オプションBにするか」という2段階の選択が必要だったのです。

これでは、お客様が迷ってしまいます。こういう時こそ、「パンフレットに書いてあることは読めば分かる」の精神を発揮して、オプション以外の部分を自分が提示しないと、と張り切りました。

買い物袋と傘が教えてくれたこと

スーパーやコンビニで車を停めて、鍵を無造作にポケットに入れる。買い物を終えて外に出て、もし雨が降っていたらポケットの鍵を取り出すために傘を持ち直すことになりますよね。

問題は、帰りには買い物袋が増えていて、意外と傘を持ち直すのが大変だということ。そのわずかな時間に、少し濡れてしまうのです。

もし、バックミラー付近を狙わずに、無造作にポケットの中でボタンを押して、鍵が開けばどうでしょうか。ずいぶん気が楽になりませんか?

これは当時実際に使っていた**「使ってみると、たぶんこうなります」話法**です。バックミラーうんぬん、は機能の問題。つまり「パンフレットに書いてあること」です。「もし自分なら」を想定すると、その車を実際に購入して使ってみなくても、ある程度までは感想を言うことができます。

もちろんウソはダメですが、コンビニの帰り道で少し濡れてしまったのは、実際の私の体験。そこから、パンフレットに書いてある機能を読み込んで「ここからは想像ですが、たぶん…」と説明するには、何の問題もないはずです。

37 迷っている空気を察したら「聞く、聞く、答える」

お客様が話しやすい空気を作る

熱血セールスマンが活躍するドラマをたまに見かけることがあります。そういうドラマの影響なのか「ペラペラしゃべるのが営業マンだ」と思っている人をよく見かけるのですが、残念ながらこれは完全に間違いです。

ある営業マンは「話すよりも聞くことが大事」と私に教えてくれました。

「営業マンの一番大切な仕事は、お客様の話を聞いて、聞いて、質問されることだ」

つまり、**聞く、聞く、答える、**です。

確かに、最初は営業マンのほうが話すことが多いのですが、お客様が真剣に検討を始めたら「黙る」ことがポイント。多くの営業マンがやりがちなミスは、ここで畳み掛けてしゃべってしまうことです。

残念ながら、それをやってしまうと、お客様が検討するタイミングを失ってしまいます。そればかりか「やっぱり売りたいだけなのか」という印象を持たれる可能性さえあります。

疑い深いお客様だったら「売れないから無理に売り込んできているのかも…」と疑念を抱くかもしれません。

しかし、営業マンが「黙る」ことで、お客様は気になっている点をさりげなく質問してきます。そのときは、にっこりと手短かに、そして正確に答えましょう。そうすることで、信頼感がグッとアップします。

お客様の頭の中を整理して不安を解消

営業マンの仕事のもうひとつの側面は、お客様の言葉を整理すること。お客様が分からないことや不安に思っていることを言葉にするのです。

モヤモヤした感覚は、自分ではなかなか言葉にするのは難しいものですよね？このモヤモヤした感覚がお客様の中に残っているうちは、なかなか商品を買っていただけません。

スポーツカーの購入を悩んでいる方は「カッコいいけど、後ろの座席が狭い…」。

化粧品なら「よさそうだけど、少し高額だからずっと使えるかしら…」。

投資信託なら「なんとなく分かったけど、専門用語が今ひとつ…」。

お客様の「…」の雰囲気を感じたら、営業マンがするべきことは「聞く、聞く、答える」こと。

「聞く」の次の「答える」仕事は、お客様が気になっていることを言葉にして、お客様の頭の中を整理することです。

ぜひ遠慮せずにあなたのほうから質問してみて下さい。ただし、あくまでお客様のサポート役に徹すること。その気持ちで質問すれば、お客様はイヤな顔をしません。

「何か気になっておられますか?」と聞いたら、後は黙ってみる。そうするとお客様は悩んでいることを話し始めるはずです。その話を営業マンが整理して、お客様に伝える。

これも営業の重要な仕事なのです。

38 夢と目標を語ろう！「ただし」必ず社外で！

ビジネスパートナーと決別するきざしとは？

これはある社長さんから聞いた話です。

若い二人が会社を起こそうとしたとき、お互い得意なことを持ち寄って起業することが多いとのこと。営業が得意な人と経理が得意な人。技術に自信がある人と広告宣伝の経験者などです。

そんな二人の会社も最初のうちは苦労するかもしれませんが、だんだん順調に行き始めれば社員も少しずつ増えていきます。そして…二人の創業者の意見が食い違い始め、どちらかが退社してしまう…ということが多いようです。

その社長さんは、経営コンサルタントだったので、実例を多く見てそう言ったのでしょう。実感を込めて、このようにおっしゃっていました。

「経営者が二人いて、一緒に釣りに行かないようになったら分裂するな」

そして、こう付け加えられました。

「会議室での打ち合わせはね、二人で話したうちに入らないんだよ」

ここでの「釣り」は、例えであって、わざわざ出かけて行くような、時間効率の悪い遊びなら、何でもいいのです。会議やランチミーティングのような「時間効率が良く、他にも人がいる」会い方は、「話したことにならない」という点が重要なのだと感じました。

夢を語るなら会社の外で

後に、私は有力なご紹介者の経済状況悪化を受け、退社を考えるほどの成績不振に陥りました。首の皮一枚でつながった成績で日々を過ごし、体重も6キロ落ちました。心身ともに限界でした。

なんとか意欲を取り戻して前向きな活動を開始しよう、と動き出したとき、心に決めたことがあります。

「成績を向上させていきたい」と思っている仲間を作ろう。そして、それは**会社の会議室で作るのではなくて、手間と時間をかけて、会社の外で、グループを育てていこう、と。**

私と同世代の青年社長さん数人に声をかけて、ざっくばらんな交流会を開いたり、会社のヤル気のある同僚と社外で打ち合わせをするときには、わざわざ電車に乗って、ユニークな店長のいる焼き肉屋さんに足を運んだりもしました。

「わざわざ遠くまで」往復する、その道中に意味があると思い、こういった活動をコツコツと続けました。

「肩の力を抜いて」語り合った内容は、実行しないと恥ずかしいですよね。普段から、会社の外で何気なく語る内容を増やすことで「やらないとカッコ悪い」という状況を作り、お互いを奮い立たせていたのかもしれません。

私がMDRTという「優秀者表彰」を受けることができたのは、この活動のおかげだと思っています。退職を考えていたドン底から4年。コツコツと継続したのは、大正解でした。

第5章

「記憶に残る営業マン」になろう

39 セルフプロデュースは社外でやる前にまず社内から

悲惨な状態から劇的なV字回復

ある事業主の方に契約をしていただいた際、たくさんの取引先をご紹介していただいたことがありました。そのまま勢いに乗り、ご紹介いただいた多くの方たちにも契約をしていただきました。

そして一年後…。その事業主さんが、予想外のことで経済的に苦境に立ったとき、ご本人はじめ、紹介していただいた皆さんが、残らず解約をする、というとんでもない事態が起こりました。

生命保険会社に勤務された方は、お分かりになるかと思いますが、短期の解約が山積みになるのは「お客様に無理やり契約を迫ったのではないか」と疑いをかけられても仕方のない状態です。山が高かっただけに、谷も深くて、私は本当に退職を考えました。

そこから、約2年。なんとか平均的な成績に戻すことができ、さらに2年後には、MDRTという基準で販売成績の優秀者と認定してもらうところまでいきました。

嬉しいことに、このときには「継続率」という「短期解約がどれぐらい少ないか」を示す指標も99・9％を記録し、「短期の解約も減額もほぼゼロ」で、攻めも守りもしっかりしている、という理想の状態になったのです。

退職が頭をよぎるほどの悲惨な状態から、平均値まで2年、成績優秀まで4年。いわばV字回復ができたのです。

その頃から実践していることを、ご紹介させて下さい。

超重要！　セルフプロデュースはまず社内

保険会社主催のセミナーでは、参加者から「もっと聞いてみたい」「保険の話も詳しく教えてほしい」など、たくさんの反響があります。

その問い合わせ票を集めて「誰がどの問い合わせにお返事するか」を会議室で決めていきます。そのとき、京都の青年社長さんからの問い合わせ票をチラッと見て、「この方を担当したい」とすぐに思いました。

しかし、同僚たちの手前、意気揚々と立候補するわけにはいきません。そこで、何も気負わずに「この方へのご説明は私でいいですか？」と同僚たちに聞いたところ「もちろん」と、すぐに決まりました。

「自分がどういう活動をしているか」を意識して社内でいろいろな話をしておくと、そのうち**自然体の行動として変化が現れるようです**。この例で言えば、第４章でご紹介した「独立したばかりの会社の、社会保険の制度などを勉強している湯浅」という空気感もできあがっていました。

自分自身も「この方を担当したい」と緊張せずに意見を言えましたし、何より周囲の雰囲気も「青年社長さんなら湯浅」になっていましたので、異論が出ずにサッと決まったのを覚えています。

会社の外へ出ても、ごく普通に「最近独立した方を応援するような保険をご提案しているんです」と話をするようにしていると、世間話をしていた主婦の方から「弟が自営業なんだけど、会ってくれないかしら」と言われることもありました。

セルフイメージは、まず社内で確立しておくこと。

そうすると、お客様先でも自然とその話になるので、気がつけば、自分が望んでいるお客様層のご紹介が出やすくなるのです。

40 ライバルが多い商品を売るときは人間味を前に出そう

自分の商材を整理すると対策が見える

「無くても生活できるもの」を売っているのか、「無ければ困るもの」を売っているのか、営業マンは商材を整理することが大切です。

その違いを営業マンが分かっていないと、お客様にフィットした距離感でご提案することはできません。

「無くても生活できる商品」、例えば趣味性の強いスポーツカーをご提案する場合、お客様は「買うか、買わないか」で迷っていることが多いので、ある意味で「存分に悩んでいただく」ことが大切になります。

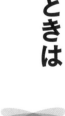

そのため、営業マンが程良い距離感で相談相手になることができれば、かなりの確率でご注文がいただけるのです。

一方で配達用の車のように「無ければ困る商品」を売る場合。たいていのお客様は「○日までに必要」という期限のある買い物になりますから、程良い距離感なんてのんびりしたことを言っていれば、ライバルに取られてしまいますよね。

そのため、私の知っている敏腕営業マンたちは、お客様との面談をする前に、だいたいの納期を調べておく人が多かった。なぜなら、納期を気にしているお客様の場合、「今買えば、○日には必ず間に合いますか？」という質問が間違いなく飛んでくるからです。

成績がいい営業マンは、「質問される前に自分で調べておく」「納期が不明なら、せめて目安をお伝えする」ことを当然のように実行しています。

ただし、これらのことをきちんと実践しているのに、成績が伸び悩んでいる営業マンがいるのも事実です。そして、彼ら、彼女らにはある共通点がありました。

実家の話題をポロッと話す

商社の世界には「お客様のメールにサクサク返事ができるようになったら、成績が落ちる」というジンクスがあるそうです。

次から次へと届く問い合わせを、手短かに無駄なく返信。お客様をお待たせせず、クレームも来ない。それなのに、集計すると成績も伸びていない…。

ポイントはライバルが多いということにあります。商社に限らず、「無ければ困るもの」が必要なお客様は、必ず「どこかで」購入します。その担当者が自分とは限らないのです。

一方、忙しくてもコンスタントに結果を出している営業マンは、人間味を出すのがうまい。忙しいと、どうしても「サクサクお返事」型の仕事になりがちですが、それを上手にコントロールしている方が多かった。

では、**どのように人間味を出すのかといえば、「家族の話をする」ことにつきます。**それも「実家の家族」です。実家ということは、幼少期の自分を想像させます。それが心の距離を縮めてくれるのです。

どんな商材を扱っていても、家族の話をするタイミングはあります。お住まいの地域や趣味、お客様の背広…どんな話題からでも「私が子どもの頃、父も好きでした」「母も興味がある、なんて言っていたことを思い出します」と一言添えることはできます。

納期も調べ、メールを丁寧に返し、こちらから電話をしても、お客様との間に、壁があるように感じる場合、ご自身の家族の話をしてみてはいかがでしょうか。

41 デメリットこそ「早めに楽しく」説明しよう

デメリットも伝え方ひとつ

ご提案の最後のほうに、商品のデメリットを説明している方がいるなら、今すぐにやめましょう。

買う気になっていたお客様の意欲を削ぐことになりますし、隠しておいたと思われて営業マンの信頼性を下げる可能性もあります。むしろ「**デメリットこそ、早めに伝える**」が原則と考えたほうがいいでしょう。とはいえ、伝え方は重要です。

例えば、まったく知識がない状況で、初めての自動車を買おうとしている場合。

そこで、お客様にスポーツカーを提案するところを、想像してみて下さい。

「後ろの席は狭いに決まってるでしょ、スポーツカーなんだから」

「値段が高いに決まってるでしょ、スポーツカーなんだから」

このような伝え方で気分を害さない人はいないでしょう。

「初めての自動車選び」のお客様に、スポーツカーを提案するなら、このような言い方にしてはいかがでしょうか？

「二人でドライブを楽しむことを念頭に作られた車で（＝狭い）、ローンを組まれて購入される方も多いのですが（＝価格が高い）、購入された方は皆さんドライブが楽しくなった、と嬉しそうにご報告下さいます」

早めにデメリットを伝えた上で「この車は素敵なんです」と堂々と主張する。お客様に「狭いし、高いけど、買った人の満足度は高いわけか」と、商談の全体像を理解していただいてから次の段階に進むと、ご契約が決まりやすくなるのです。

「おめでとうございます、保険が出ません！」

「お客様に必要な商品だけど、少しクセのある商品」は結構あります。個人的な意見では、保険の世界では「賠償保険」がそれにあたると思っています。

これはお客様に落ち度があって、他の方に迷惑をかけた場合に、保険金が支払われる契約です。つまり、お客様が「悪者」になったときに、発動する保険なのです。

相手の被害額が大きくなれば、トラブルが長引くことも考えられますし、ただ単純に「保険が出てよかったね」という種類の保険ではありません。

逆に、保険会社が今まで積み上げてきた事例に沿って考えて、「相手様は、自分が被害者だと主張されているけど、うちのお客様は悪くないんじゃないのか?」と判断すれば、保険が出ない場合もあるのです。

この特殊性をお伝えするために、思い切って漫画的でオーバーな表現を使うことにしました。

「『おめでとうございます、今回は保険が出ません! お客様は悪くない、と保険会社が判断しました!』なんてことが起こり得る、特殊な保険です。でも、お客様には必要な補償だと思います。聞いて下さい…」

パンフレットを指差しながら、丁寧に説明していくわけですが、最初に「出ないことがある。しかも、それが必ずしも悪いことではない」とお客様の頭の中に入っているので、賠償保険の提案が、スーッと前に進むことが多くなったのです。

このフレーズを思いついたのは、保険会社をいったん退職して、保険代理店の営業マンになってから。それ以降、私の賠償保険の契約は、件数・保険金額ともに順調に増えました。代理店の成績は、サポートをしている社員さんの成績にもなるのですが、私の担当社員さんは、私の契約で「月間優秀社員」に選ばれ、本社で表彰されたそうです。

デリケートですが、重要な商品。間違って伝わるとトラブルにもなりかねないですが、お客様のためになる商品。どの業界にもあるはずです。そういう商品は、「デメリットを先にお伝えする」という原則に沿った上でなら、多少は漫画風のオーバーな表現も、お客様に許していただけるのではないでしょうか。

分かりやすいドンピシャな言い換え表現を思いつけば、自分自身の営業活動が楽しくなります。

デメリットを先にお伝えする。少しオーバーに、楽しく表現してみる。ぜひ頭に置いてトークを組み立ててみましょう。

42 うわべだけのセールストークはウソをついているのと変わらない

退職スタッフからは紹介されやすい

元々は事務員さんとして働いていた方が営業職に配置転換となり、「どうしたら成績が上がりますか?」と相談されたことがあります。営業マンとしての研修はあまり受けていない雰囲気で、お客様とどうお話ししていいか分からないそうです。私の前に座るなり号泣し始めたので、よほど悩んでいたのでしょう。ある程度時間が進み、お互いに少し気楽に会話ができるようになった頃、単刀直入にうかがいました。

「退職した方からのご紹介は、部署で月に何件ありますか?」

その方が、目を点にさせていたので、私は職場の状態を察することができました。

「『うちの保険は他と違います、○○と□□が素晴らしいんです』。このようにお客様に説明されていませんか?」と私がお聞きすると、相談者さんはうなずきました。

さらに、「何かの事情で退職された営業マンも、今と同じことを毎日言っていませんでしたか?」と聞くと、相談者さんはまたうなずきました。

私はさらに相談者さんに質問を続けます。

「では、どうして退職した先輩から現役社員に向けてご紹介の電話が、鳴らないのでしょう?」

「○○生命の保険はお客様にとっては、他と違う素晴らしい保険なんですよね?だったら、退職した先輩は、どうして保険をお勧めするのをやめたのでしょう?」

ここまで話すと、相談者さんは、深く納得されたような顔をされていました。

うわべのトークは相手にバレる

なぜ退職スタッフの話を持ち出したかというと、私はトヨタの販売会社を退職してからも、今のお客様をトヨタの販売会社の先輩にご紹介することがたびたびあったからです。

「車の購入を検討しているんだ」と今のお客様に言われると、トヨタの車が好きなので、ついつい「トヨタもいいですよ！」と、おせっかいをしてしまうのです。

私に限らず、周りにいる営業マンは、転職してからも以前の会社の商品をご紹介している方が多いです。「元」社員に、ざっくばらんに言われると、信ぴょう性があるので、候補に加えて下さいます。つまり、「元社員からの紹介が、定期的にあるほうが自然」なのです。


第2章でお客様は自分より賢い、ウソはすぐバレる、とお伝えしましたが、その**「ウソ」には、うわべだけのセールストークも含まれる**と考えています。

「誰かが言った売り文句は自分の言葉になっているか？　自分が心から良いと思ってお客様にご提案できているのか？」

相談者さんに私が語った言葉は、実は私自身に向けて、確認している言葉でもあったのです。

43 ジェスチャーを大きくすることで「置いてけぼり」をつくらない

商談に行くときは決定権者と会う

新人のときはとにかく緊張してしまいますよね。そのためどうしても、ニコニコと話してくれる方にばかり会いに行ってしまいがちです。誰だって、笑顔で応対してくれる人とお話ししていたいですから、ある意味当然かもしれません。

でも、よく考えてみて下さい。ニコニコ話してくださる方は、何の権限もないから、笑顔でいられるのかもしれません。

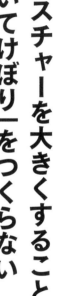

例えば、社用車の営業に行ったとします。「いや〜、せっかく来てくれて、ありがとうね〜」と、部長さんはお茶を勧めてくださって、すっかり打ち解けて会話ができるようになりました。しかし、肝心の商談がまったく進んでいない…。そんな現場を、誰でも一度は経験すると思います。

そうしたケースが多いことを、先輩方もよくご存じだったのでしょう。新人の頃に、当時の先輩方からよく言われたのが**「商談に行くときは、決定権者に会いなさい」**という言葉でした。何度繰り返し言われたか、数えきれません。

先の例で言えば、車種を決めるのは社長さんで、価格を決めるのは部長さんだったのです。社長に会えるように、訪問の日時をさりげなく調整することを先輩方から教えていただきました。

そのアドバイスに従って、やり方を変えてから、私の販売成績は安定しました。

ところが、「商談とは決定権者に会うものだ」ということが、自分のカラダに染みついた頃、「あれ？　なんだか少し違うぞ」と思うようになったのです。

両手を広げて自分に注目を集める

私の違和感、それは、**あまりに決定権者さんを大事にすると、ニコニコと話してくださっていた方がトーンダウンすること**でした。

決して、その方をないがしろにするつもりはなかったのですが、気がつかないうちに、決定権者の方ばかりを見てお話ししていたのかもしれません。これでは、その方に失礼になってしまいます。

そこで私は、**会話のときのジェスチャーで「私は皆さんとお話ししています」**と

いうことを表現するようにしました。

それまで、「この部分は大事なので、見て下さい」とお客様の視線を誘導するときには、パンフレットと同じぐらいの大きさで両手を広げて、こちらを見て下さいというように手をパンフレットに向けていました。

しかし、その場にいる全員と話していることを伝えようと思ってからは、「ここ、大事なんです」と、まず声をかけ、「社長」と「部長」が手の中に入るように、両手をふんわり広げるようにしたのです。

そうしてまず自分（営業マン）を見てもらってから、パンフレットに視線を落とす。すると何の強制もなく、お二人ともパンフレットに目を動かしてくれました。

パッと二人分の視線がこちらに来るので、最初はかなり気恥ずかしいですが、慣れると本当に便利な方法です。私は今、二人の方とお話ししている。そして、二人とも大事に思っている。それを言葉でなく、簡単なジェスチャーで伝える。

商談に「置いてけぼり」にされる方を作らないためにとても大事なこと。商談の場の空気がグッと良くなるのを感じられるはずです。

44 数字を口にするときには微笑むのを忘れずに

勝負どころの表情に要注意

「営業マンとお客様の盛り上がるタイミングは違う」ということをトヨタの販売店の先輩方がよく話していました。お客様は肩の力を抜いて「何か良いものがあったら買ってもいいかな」と期限を気にしていない方ばかり。しかし、提案する側の営業マンは、「今日決めたい」「今週決めたい」と期限を意識しています。

営業マンがご提案しながら「早く契約をしていただきたいな」と考えるのは、会社の利益を考えれば当たり前のことかもしれません。ただし、その思いをそのままむき出しで向かっていくと、お客様には伝わってしまう。そのため、笑顔で本心を包み込んで、やわらかい接客をしようと心がけている、はずです。

しかし怖いことに「決めたい」という本心が、良くない形で出てしまう瞬間があるのです。知らない間に「商談が決まるか否か」の分岐点になっている節目の瞬間。それこそが、具体的な数字を話すときなのです。

金額はもちろんのこと、大きさや広さ、静かさなど、数字の話をする瞬間です。このときに営業マンがやわらかい接客を忘れて真顔になり、少し怖い顔になることがあるのです。

提案する側がアピールしたい気持ちは、よく分かります。しかし、このタイミングでお客様がサーッと冷めて購入が延期になりやすいのです。

いろいろな方に、**購入を見送った理由をリサーチしてみた結果「今まで笑顔で接客してくれていた営業マンが、突然遠い存在に感じられたから」というのがもっとも多かったのです。**特に女性と高齢者の方に多かったのが印象的でした。

一生懸命な営業マンの気持ちも、痛いほど分かりますし、引いてしまったお客様の気持ちもよく分かります。この困った問題を解決するために、試行錯誤しひとつの結論にたどり着きました。

まずは3日頑張ってみよう

一番効果的だったのが「数字を口にするときには、意識して微笑んでみる」というものでした。

まず、周りの営業マンの横顔をよく見てみて下さい。本気の商談をしているときの横顔です。同僚の契約前の提案でもいいですし、銀行や不動産会社のショールーム、ホテルのロビーに行けば、必ず商談をしているはずです。数字の説明に入った途端に入る、怖い顔のスイッチ…。それを自分に置き換えて本気で落ち込むことが、最初のステップです。

その次に、数字を言うときこそ微笑もう、と意識する。最初はかなりぎこちないかもしれませんが、意識しているうちに自然とできるようになっていきます。

ここで効いてくるのが最初のステップ。「怖い顔」を自分ごとにできたことで、努力が継続するのです。

私の経験では、**まず「3日」頑張ってみること**。すると、雰囲気やコツが掴めてきます。長いビジネス人生の中の、たった3日間。それだけでお客様の心が離れることを避けることができるのです。

45 予定していた時間より早めに終わるという思いやり

15分早めの提案スケジュール

「ご紹介をいただけるか、いただけないか」の差は、案外小さなことで決まるのかもしれません。**頑張っているのにご紹介がない営業マンは、とても熱心な人が多かったように思います。**

「熱心ならご紹介が多いんじゃないの？」と思われますよね。しかし、実際は逆のことが多いようです。

熱心だからこそ「あれも言おう」「これも伝えなければ」と予定の時間ぎりぎりまで「自分が」話をしてしまいます。ときには、予定の時間を越えてまで語り続けてしまうことも。まさに、熱意の空回り。一生懸命な人ほどありがちな「営業あるある」です。

私自身、意識して「少し早く終わる」ようにしています。

例えば、ご夫婦がそろっていて保険のご提案をする際には、一般的に約2時間を予定します。朝10時に開始したなら、12時ぐらいまでですよね。それが普通だった中、11時45分頃、**わざと15分ぐらい早く終わるよう、ご提案のスケジュールを変えてみたのです。**

営業マンは時間を気にして焦る必要はなくなりますし、お客様には時間的にも、精神的にも、余裕が生まれます。

実際に早くご提案が終わっても、お客様も、私も、なんとなくキリのいい時間まで話をすることになるので、残りの15分は自然と世間話になりました。その時間にご紹介をいただけることが多かったのです。

あなたの時間を大切に考えています

逆に、私がお客さんの立場で話を聞くときに、困った営業マンに出会ったこともありました。30分遅刻してきた上に、約束の時間を過ぎても面談を終わってくれないのです。

遅刻は、いろいろな事情があったから仕方ないとしましょう。それでも、最初から1時間の面談予定でお約束していて、30分遅刻してきたのなら「自分の持ち時間は30分」と考えないといけません。

せめて礼儀として、「まだお話ししてもいいでしょうか？」と質問するのは、最低限のエチケットだと思うのですが、その営業マンは一切気にすることなく、マシンガンのように話し続けました。

とても残念な経験だったのですが「こういうことあるよな」と、妙に納得もしてしまいました。

早めに終わるご提案が、後にご紹介をもらいやすいのは「あなたの時間を大切に考えています」という気持ちが伝わるからでしょう。

相手の様子を顧みない、ダラダラと長いご提案では、ご紹介はおろか、ご成約さえ難しいのは明白です。そこには「大事なのは自分の成約だけ」という気持ちが、透けて見えます。

自分がお客様になったことを想像してみればすぐに気づくことなのですが、熱心であればあるほど、ハマってしまう落とし穴なのです。

46 お客様と歩いているときは本音を聞き出す大チャンス

「歩きながら」は意外と話が進む

生命保険やコンサルタント的な提案活動の場合、お客様に触ってもらう「見本」がありません。そのため、お客様のご自宅や、会社の面談室のような場所で、じっくりと話をすることも多くなります。保険会社の新人研修でも「ゆっくりと、座ってお客様のニーズを聞き取るようにしましょう」と言われたりもします。

「じっくりと」「ゆっくりと」というスタイルも、もちろん大切ですが、私がお勧めしたいのは、意外と思われるかもしれませんが、「**歩きながら話す**」です。

例えば、生命保険のお客様が保険会社の面談室まで来られた場合。何通りかのご案内をし、いくつかのご質問をいただいたところで、次回までにお調べしてご回答いたしましょう、という流れでその日は解散になったとします。

お客様をエレベーターまでお見送りするために一緒に歩いているとき、お客様の頭の中では、先ほど営業マンから提案されたプランのうち、一番気になっているプランのことが、思い出されているはずです。

「先ほどのあれ、あんな形で良かったでしょうか?」

あまり具体的なことを話す時間はありませんから、「あれ」というくらい、ざっくばらんなほうが雰囲気にピッタリ合いますし、お客様にもこれくらいの質問の仕方で充分通じます。

「うん、あれねぇ。特約は後から追加できるんだったっけ? 結局、できないって話だったたっけ?」

このように、気になっていた点を「結局どうだったたっけ?」と質問されるお客様が多いのです。次回のご提案までに、質問されたポイントを重点的に考え、プランを微修正すれば、ご成約になる確率はグンと高まります。

不動産屋さんは階段で話しかける

「歩きながら話しかける」という手法は、注文住宅の不動産会社の社長さんから教わりました。

住宅展示場は、いろいろな不動産会社が自慢のモデルルームを出展しています。

「住まいを購入しよう」と意気込んで展示場に来たご家族でも、あまりのモデルルームの多さに、疲れてしまう方も多いとか。

モデルルームをいくつか回り、それぞれの営業マンの話を聞いて、「あともう一軒」と次のモデルルームに入ったときには、今までの情報量が多すぎて、少し混乱気味になってしまう。

そこで、ベテランの不動産営業マンなら、最初から自社のポイントを説明せずに、一階の展示を見ていただいた後、さりげなく二階の展示に誘導するそうです。

そして、二階に通じる階段をお客様が歩いているときに、ボソッと「どうでした？」と声をかける。そうすると、お客様の中には「う～ん、まぁ◯◯さえあればいいかな…」や「まだ□□を見ていないんだよね…」というように、一番気になっている点を正直に話されるお客様も多いとか。

座って聞く話や、商品見本を触りながら聞く話は、お客様にとって「インプット」です。しかし、**一度にインプットが多いと、情報過多になってしまいます。**

そのため、**どこかで「アウトプット」をしないと落ち着かなくなってきます。**そんなタイミングでの、**「歩きながらの気取らない会話」**は、お客様にとっても、営

業マンにとっても、居心地が良く、実りのある会話になりやすいのです。

私も新人時代に、「お客様が展示車・試乗車から降りてこられて、最初の質問が一番気になっていることだから、集中して聞くように」と指導を受けました。展示車・試乗車の置いてある場所と、面談のためのテーブルは、展示場内でも少しだけ離れていることが多かったので、お客様は歩いて移動になります。そのときに出た質問を一番大事にしなさい、という自動車販売会社の教えは、不動産会社のノウハウとよく似ています。

自動車販売会社と不動産会社の手法を、生命保険業界でも活用してみたところ、やはり効果がありました。業界の枠にとらわれることなく、良いと思った手法は取り入れてみる。そこに、営業マンとしてのスキルアップのカギが隠されていると思っています。

47 悪い印象を残すことなく好印象と余韻は残そう

お客様が聞いているのは話半分!?

本書も終盤になってそもそもという話になりますが…お客様は営業マンの話をあまり聞いていないものです。これは、自分が買い物をするときのことを想像すればお分かりだと思います。携帯電話の機種変更やマンションを借りるとき、担当の営業マンの話をすみずみまで思い出せる人はほとんどいないはずです。

しかしその反面、「よし、これにしよう」と思わせてくれた「決め手のフレーズ」や営業マンの「印象」は、いつまでも残っていたりするものです。

残念なことに営業マンの印象が悪いように残ってしまうと、どんなに決め手のフレーズが良くても契約が決まりにくくなってしまいます。

営業マンとしては話法を磨くだけではなくて、行動の印象も良くするように意識しないと「もったいない」ことになってしまうのです。

「悪い印象を残さないようにしたい」場合、**「せかせか、そわそわ系の悪印象」と、「ガツガツ・オラオラ系の悪印象」の両方を消さなければいけません。**

自分では、せかせかしていない、ガツガツしていないつもりでも、そう見えてしまうことはあるので「ひょっとしたら自分もそうなっているかも」と時々自分を顧みることが必要です。

印象を調節するための目安

悪い印象を残さないように、私は**「お客様に近づくときはできる限りゆっくり」ということを心掛けています。**

例えば、テーブルを挟んでお客様と対面する場合、資料を指したり、書類の説明をしたりするときには、テーブルに近づいていく動作をしますよね。このとき、自分で思っているより、ひと呼吸ゆっくりと動いています。

テーブル越しとはいえ、異性のお客様に近づく場合には、特に注意します。どんなに笑顔で話されていても、お客様が商談で営業マンと向きあっている以上、必ず緊張されているはずだからです。「元気のよさが持ち味」の営業マンの場合、無意識に近寄りすぎるケースもあるので特に注意しましょう。

そして、いい印象を残すために、**「横や後ろに動くときは勢いよく」ということも心がけています**。少しの間だけお客様の前から営業マンが席を外す際に、サッと勢いよく動くと好印象を与えることができるからです。

営業所内にある別の資料を取りにいくときや、試乗車を展示場前に移動させてくるため数分離席するといった場合がそうです。タイミング的には、ご提案が前に進んでいて、次の段階に差しかかるときが多いはずです。

お二人で来店されているお客様の場合は、そのわずかな間に、商品や値段の感想を言い合ったりします。営業マンという「緊張する存在」がいったん目の前から消えるので、実はホッとする時間になるのです。

そのため、営業マンが勢いよく動いても、お客様にさらなる緊張感を強いるわけではありません。「元気のよさが持ち味」の営業マンも、このときは普段通り「元気のよさ」をアピールする動きをしても問題ないでしょう。むしろ「元気があって頼りがいがある」とお客様に思っていただけるはずです。

新人の頃は上司や先輩からも「新人の商談は元気よく！」と教えられることが多いと思いますが、お客様に接近する場合と離れる場合で元気のよさの調節をしないと、かえって印象がマイナスになることもあるのです。

お客様を二人きりにしよう

少し余談になりますが、お客様がお二人の場合「商談の後、二人でゆっくり相談しよう」と思っている方がほとんどです。

商談の後の相談をより充実したものにするためにも、商談がある段階に差し掛かったら、あえて営業マンがいったん消える時間を作るのも、お客様への気遣いのひとつです。

先ほど挙げた例以外に、営業マンが意図的にトイレに行くなど、工夫をすることでお客様を二人きりにすることはできます。

そのわずかな時間で、お二人が相談して、ある程度意見をそろえられます。そうすることで、お客様の要望を満たしたご提案がしやすくなるのです。

48 クロージングの打率を上げる「黙る」という技術

助言されにくいクロージング

説明が上手なのになぜか成績は低い営業マンが、苦手としていることが多いのがクロージング。「よし、これに決める」と言っていただくための最後の一押しです。

説明が下手なのは、普段の会話や電話でお客様と話しているのを聞けば、なんとなく分かります。しかし、クロージングが苦手なのは、周囲からは見えにくい。そのため、上司や同僚からアドバイスができません。もし**「クロージングが苦手だ」と自覚をお持ちなら、自分でなんとかするしかないのです。**

クロージングの精度を上げるためにも、前述の「無くても生活できるもの」を売っているのか、「無ければ困るもの」を売っているのかが重要になります。

「無ければ困るもの」を扱っている場合、お客様は必ずどこかで購入するわけですから、テンポよく商談をしておけば基本はゴールまでスムーズにいきます。契約が決まりにくい人は、そこまでの「段取り」が良くないことが多いようです。

一方で、「無くても生活できるもの」のクロージングは、「話法」で打率を大きく向上させることができます。

2台目として購入したいスポーツカー、そろそろ始めようと思っている積立型の金融商品など、いつか買おうとしている商品のクロージングの瞬間は、とてもデリケートです。「やっぱりいいです」とお客様が口にした瞬間に、これまでの努力が無駄になってしまいますから、ここは本当に神経を使います。

高額商品の場合も多いので、営業マンからすれば商談が立ち消えになってしまうと、精神的なダメージも大きいのです。

微笑みながら、黙して待つ

「クロージングが苦手」と一言で言っても、そのパターンは二つあります。ひとつ目は、クロージングが強すぎるパターン。「さぁ、買いましょう！　今日決めましょう！」という勢いが強すぎる例です。

もうひとつは、反対にクロージングが弱すぎるパターンです。「ん〜、やっぱりまだいいです」とお客様から断られるのが怖くて「これに決めませんか？」とは、なかなか切り出せない人です。
この強すぎる人、弱すぎる人、実はどちらも対処法は同じなのです。

クロージングが強すぎる人は、商談をコントロールできていない傾向にあります。自動車の営業マンを例に出すと、「この車がいいんですよ！」と押し付けている状態です。お客様自分のペースで話をしているだけで、気持ちが一方通行になっています。自動車の営業マンを例に出すと、「この車がいいんですよ！」と押し付けている状態です。

逆に、クロージングが弱すぎる人も商談をコントロールできていません。お客様の質問に丁寧に答えているように見えて、話題があちこちに飛んでいるのです。「この車のここは何？」とお客様に聞かれて「はい、ここはですね」と丁寧に説明し始めるけれど、お客様はもう別のパーツに視線を送っている…という感じです。

これが、ベテラン営業マンになると、商談の途中から、肝心なことはお客様に言っていただくようにしています。

営業マン「この車はここが…」（営業マンは黙って車に視線を送る）
お客様「そう、ここがいいよね！」（お客様が自ら会話を始める）

この繰り返しで、スムーズに商談が進みます。特に盛り上がることもなく、淡々と会話が続き、気がついたら「買わない」という選択肢が消えているのです。

これは、商談のコントロールが自然にできている状態。うまく進行していくので、お客様は気持ちよくご契約していただけます。

とはいえ、いきなりこの境地にたどり着くのは難しい。そこで、先輩に教わった、明日からすぐに使える「商談をコントロールしやすくする」テクニックをご紹介したいと思います。

これは「何かを掴んでいると安心して黙れる」という心理を利用した方法です。まず、**ペンの両端を右手と左手で握って、机の上か、膝の上で、やわらかく持ちます**。すると、お客様には「お伝えするべきことは全てお話しました」というように見えるそうです。そして、**微笑みながら黙ります**。ここで話してはいけません。

すると、お客様からご提案への感想や質問が自然と出てきます。それにやわらかくお答えしているうちに、商談がゆるやかに流れていきます。

クロージングだけでなく、商談の節目（前回のご面談の振り返りやテスト的に商品を提案してみたとき）にも使える方法です。

商談がスムーズに進行していくのが気持ちいいのは、営業マンだけでなく、お客様も同じですから。

49 紹介体質になれるセルフトレーニング

印象に残って紹介される人になる

自動車の販売会社から保険会社に転職して、まず最初に驚いたのが「新規の来店がない」ということでした。今でこそ、駅前に保険ショップがありますが、当時はそんな存在はほとんどなく、私が所属していた保険会社もショップ経営はしていませんでした。

友人や知人を回ってそこからご紹介をいただかなければ、新規のお客様はゼロ、ということです。友達は多いほうだったので困らないだろうと高をくくっていたのですが、1年もすると挨拶に行き尽くしました。「この転職は失敗だった。もう保険屋さんとしてやっていけないんだ…」と、暗い気持ちで考え込んだりもしました。

ありがたいことに、ご紹介を少しずついただけるようになり、なんとか勤務を継続することができましたが「もっともっと、ご紹介が出るような営業マンにならなければ！」と心に誓い、さまざまな取り組みを試みました。商品知識やプレゼンの方法を磨くのは当然として、それ以外に何ができるのか…？

そのとき頭に「紹介されやすい人って、どんな人だろう？」ということが浮かびました。私が出した結論は**「印象に残って、信頼が持てそうな人」**でした。

お店での注文と新聞の朗読で鍛える

なんとなく印象に残る人っていますよね。例えば、地味な格好をしているのに、なぜか覚えてしまう人です。

ご紹介で営業職を続けたいのなら、自分がその場にいないときでも、お客様がふと思い出されて、ご紹介をいただけるような存在でないといけません。

印象に残る人になるために、私はあるセルフレッスンを思いつきました。

同じお店に、同じ時間に、同じ席に、3日続けて座る。さらに同じメニューを連続して頼んでみたのです。

ランチ時のピークを過ぎた、午後1時半。居酒屋さんの昼営業の時間帯に「カレーライス、生卵トッピング」という、あまり頼まれないであろうメニューを、3日連続で注文しました。すると、3日目のお会計のときに、わざわざ厨房から料理人の方が出てきて、挨拶をしてくれたのです。

このレッスンの目的は「覚えられる人になること」。なんとなく印象に残るのは、気恥ずかしさを伴いますが、その恥ずかしさを吹っ切ることが目的でした。いわば、**自分は相手の印象に残るのがスタンダードだと「脳に馴染ませる」作業です。**

同時に「日経新聞を15分間朗読する」というセルフレッスンも開始しました。朗読ですので、もちろん声に出して読みます。15分は長く感じますが、だからこそ、3日もすると自分なりに少し崩した話し方に変わっていきます。

どの業界でもプロは自信ありげで、専門用語を少し崩した発音で話しませんか？自動車業界からきた私が、**突貫作業で「金融マンらしく」なるために行った、日経新聞の朗読はかなり効果的でした。**

もちろん、日経新聞でなくても構いません。金融業界以外の方でしたら業界紙を疲れるまで音読してみて下さい。3日連続、もポイント。少し飽きるくらいが、ちょうどいい崩し具合を作ってくれるのです。

50 手本にする一冊で営業人生が変わる

社会人の言葉遣いの難しさ

社会人になってすぐの頃、学生時代の言葉遣いから、社会人特有の挨拶や敬語に慣れるのに戸惑った記憶はありませんか？

私はお客様からの電話を取ったとき、丁寧に挨拶しようとすればするほど変な日本語になり、それを直そうとすればするほどさらに変になる…。

電話を切った直後、先輩から強烈なダメ出しを頂戴することになりました。

「お前は、マリアンかっ⁉」

関西で言うところの、ツッコミです。マリアンは、当時バラエティ番組によく出ていたタレントさんの名前で、海外生活が長かったこともあって、少しおかしな日本語を話されていました。それが可愛くておもしろい、というのが人気のポイント

マリアン　アメリカ国籍の女性タレント。80年代から90年代に活躍。

なので、マリアンさんご本人は、決してイメージが悪い人ではありません。

「マリアンかっ⁉」のツッコミは、私の電話での日本語が変だということに対してのものなのですが、丁寧に丁寧にと思いすぎて、女性言葉に近くなったことも含めた揶揄だったのです。これには相当へこみました。

「羅針盤」になる一冊を手にしよう

マリアンさんのままではいけないと思い、たくさんの本を読んで勉強をし、ありがたいことに成績も上がって、転職も考えられるほどになった頃、あるトップセールスマンとお会いしました。元銀行員で、当時はＯＡ機器の営業をしていました。博識で、勉強家でもあったので、率直に質問してみました。

「○○さんほどのキャリアと営業の腕があれば、営業ノウハウが書かれた本などは、読んでも意味がないのですか？」

するとその人はこう即答しました。

「それは違うよ。僕もそういう本をよく読んでるよ。成績が下がったとき、今の自分のどこがおかしくなっているか振り返るときにも使えるんだ。**スランプのときは、どこか大事なステップを必ず省いてしまっているからね。逆に、成績がいいと**

きは、そういう本に出ているポイントを、自然にできているものだよ」

目からウロコとは、まさにこのことでした。それ以来、私はお気に入りの営業ノウハウ関連の本を見つけたら、同じ本を数年ごとに一回読み直しています。確かに「あ、これを省いてる」という箇所が出てくるのです。

最後になってしまいましたが、第5章でお伝えしたいことはひとつだけです。

それは「お前は、マリアンかっ!?」と、先輩に大きな声で笑われたぐらい営業に向いていなかった私でも、今皆さんが手に取っていただいている本書を書き上げることができたということです。

営業人生の紆余曲折の中で、多くの方の叱咤激励をいただいたことはもちろん、様々な本を読んで、自分の営業スタイルの参考にさせてもらいました。

特に気になった本は、何回も繰り返し読んで「今の自分は何かを省いていないか?」を、自問自答しながら奮闘してきました。

もし、成績の伸び悩みで苦しんでいるとしたら、騙されたと思って本書に書かれていることを試していって下さい。すべて実話ですので微力かもしれませんが、お力になれると思います。皆さんにとってお気に入りの一冊になることを願っています。

おわりに　～今、営業に悩んでいるすべての方へ～

先輩は優しい。そして出し惜しみをしない

この本を最後まで読んでいただき、本当にありがとうございました。

自分の営業の、過去の工夫のあれこれを、すべてお出しできたかな、と思います。読んでいただければお分かりのように、私は営業の世界で、決してスーパーヒーローではありません。むしろ、たくさん失敗してきて、恥ずかしいことのほうが多いんです。私の出身地の関西の方言でいくと「どんくさいなぁ！」と言われてしまいそうな、ビジネス人生です。

ただ、そんな私でも、業界の先輩方には、とても恵まれてきました。私が今、営業マンとして存在していられるのは、背中を押して下さった方々や、「社外秘」であるはずのノウハウを、惜しげもなく教えてくださった先輩たちのおかげです。

トヨタ時代。私の不注意でお客様を怒らせてしまい、深夜に営業所に帰ってきたら、先輩が待っていてくれました。別件で上司に叱られたときには、若い先輩方が、

「元気出せよ！」と駅前でラーメンをごちそうしてくれました。

保険会社の社員時代。私は大阪の支店に所属している「会社員」でしたが、東京や大阪、福岡の「保険代理店さん」が、立場の違いなど一切気にせず、自社ノウハウを公開してくれました。

また、私が勤務していた保険会社で日本一だった営業さんは、山形県の米沢市におられた女性ですが、私が「学びに行きたい」とご連絡すると、なんと丸々2日間も空けてくださり、ご自分のこれまでの工夫を、どんどん教えてくれたんです。

達人たちの教えには、その方の個性を活用したものが多く、そのすべてを私が吸収することなど、できませんでした。

それでも必ず「なぜ、この考えに至ったかと言うとね…」と、達人技誕生のプロセスから教えてくれたので、「なるほど！　営業の達人も最初から達人だったわけではないんだ！」と、やる気を出させていただきました。

自動車販売、保険提案の世界の先輩方には、感謝してもしきれません。

成績優秀な方は、「自分流」を持っている

この本も、いよいよ最後になりました。本来なら、私自身の言葉で締めくくると

ころですが「ものすごい達人」を、お二人ご紹介して、最後を飾りたいと思います。

まずは、先程登場した、山形県・米沢営業所の方です。

ある時期、体調を崩して入院していた私は、病室に保険関係の本や雑誌を持ち込んで、ベッドの上で勉強をしていました。すると、金融系のとある雑誌に、この方の記事が載っていたのです。

「営業の世界で、もっともっと飛躍したい！」と思った私は、意を決してその方にご連絡をしました。すると会ってくださる、とのこと。さっそく新幹線を乗り継ぎ、会いに行きました。

日本一の営業成績を挙げている方ですから、どれだけ成績優秀な方なのだろうと思っていたのですが、その方のスーパー営業ウーマンぶりは、私の想像を超えていたのです。


企業保険を中心に仕事をされていたのですが、当時の米沢は景気が良くなくて、経営者さんたちは大変な状況のようでした。つまり、保険提案には「逆風だらけ」。東京や大阪といった大都市の営業マンを、ぶっちぎりに抜いて一位だった、その方の担当エリアの当時の状況は、厳しいものでした。

では、いったいどうやって、年間日本一の成績を出しているんだろう。その方のノウハウを、少しでも吸収しようと、私は耳を最大限に開きました。すると、ぼそっと一言、その方のため息が聞こえてきたのです。

「まぁ、営業職員全員集めても、米沢営業所は〇人しかいないので、全軒訪問は、なかなかできないんですけど…」

「えっ⁉　米沢市の企業を全軒訪問するつもりですか⁉」

大阪という「大きな街」に、あぐらをかいていた私にとって、「なかなか米沢市全軒訪問できないのが悩み」というスケールの大きさは、想定外すぎます。とても静かで、とても柔和。でも瞳の光が強いその方は、間違いなく成績日本一の営業さんでした。

その方の提案方法は、私が勤めていた保険会社から、教えてもらっていた方法とは正反対。私は「企業を訪問するなら、決定権者に会いなさい」と、何度も言われ、とにかく社長さんに会おうと苦心していました。また「もし社長に会えないなら、社内で雰囲気を作っている営業部長に会いなさい」とも言われていました。

しかし、その日本一の営業さんは、こう言います。

「社長さんに、会おうとはしません。営業部長さんにも、会おうとはしません」

「訪問前に、アポイントも取りません」

「仕事と関係ない世間話も、あまりしません」

「企業で入ってもらった方の、ご家庭の保険も、こちらからは提案しません」

社長さんや、営業部長さんに会おうとしないのは、普段会社にいないことが多いから（それでも、経理部長には会うことができる）。

訪問前にアポイントを取らないのは、訪問と訪問の間に、ムダ時間ができるから。

世間話と家庭保険の提案を、あまり熱心にしないのも、同じ理由でした。

「そんなことしたら、訪問件数が減ります」という点において、すべて理に適ったものでした。

「大阪で聞いていたこととは違う！　でも素晴らしい！」と感じました。この方は、米沢市全軒訪問を、本気で視野に入れている。そのことに感動したのです。

その夜、企業保険で活躍されているもう一人の「一位」を思い出していました。ある外資系生命保険会社で、月間売上世界一を取ったことがある方です。

「その会社のことを一番心配しているのは、社長だよ。社長に提案するんだよ」
「同じ依頼者には、理由がない限り二度会わないようにしているよ」
「大事な提案の前には、その前日ぐらいから人に会わないようにしているよ」

その方は、事前の準備をしっかりして、会うときは保険に加入するとき、というセッティングが天才的にうまい方でした。

訪問軒数にこだわられる方。アポイントの質を上げる方法を工夫される方。いずれの方の営業方法にも、たいへん感動しました。同じ生命保険。同じ企業提案中心。それなのに、こんなにもスタイルが違うんだ。

私は、「営業」という仕事の幅の広がりを実感しました。

あなたに向いている方法を、一緒に見つけましょう

本書でお伝えしてきたように、私は、たくさんの先輩方の教えを受けて、自分のスタイルを作ってきました。

「この方法がいい」と聞けば一度やってみて、修正する。その方法が馴染めないなら、「これは自分には合わないんだ」と思い、いったんその方法を封印しました。何度も試行錯誤を繰り返して、やっと今の「たくさんの人にお会いするけど、最後まで提案しない」という方法にたどり着いたのです。

自分が保険会社に転職したとき、この方法が自分を伸ばすやり方だとは、まったく思っていませんでした。

しかし、いつの間にか、このスタイルが定着して「湯浅さんが提案するんだから、これは良い保険なんだろう」という評判を作ることができたのです。

この本でご提案してきた50の提言は、すべて私の実話か、私が実際に聞いた話からできています。よかったら、気に入ったものから順に、試してみて下さい。どなたにも合う方法がきっとあると思います。そうして、自分のスタイルを作っていただくことができたら、これほど幸せなことはありません。

最後になりましたが、この場を借りて、これまでお世話になった方々に、感謝の気持ちをお伝えさせて下さい。

これまでの27年間営業をしてきた中で、多くの助けをいただいた、上司・先輩・同僚の方々。

私を信頼してくださり、お付き合いいただきました、すべてのお客様。

初めて本を執筆する私を「おもしろい」と優しく見守ってくださった、近代セールス社の野崎真之さん。

私を著者へと導いてくださった、天才工場の皆さん。

そして、この本の完成を待たずに亡くなった、父と母。

なにより、最後まで読んでくださった、読者の皆さんに心より感謝いたします。

ありがとうございました。

２０２１年11月　湯浅大五郎

著者プロフィール

湯浅 大五郎（ゆあさ・だいごろう）

生命保険募集人・損害保険募集人・行政書士

1971年、兵庫県西宮市の甲子園球場の近くに生まれる。
父親は小学校の校長、母親は小学校の教諭。

はつらつとした性格で、公園でチャンバラをしたり、ロボットアニメを見て育つ。

中学・高校時代には、「将来は本を出したり、セミナーを開いたりするような人になりたいなぁ…」という漠然とした夢を持つようになる。


奈良県の天理大学に進学し、社交ダンス部に入部。

男子20人、女子20人の大所帯のクラブの副部長として奔走する日々を送る。


大学卒業後はトヨタ自動車の販売店に就職。

自動車の営業マンとして、キャリアをスタートさせる。

一ヵ月に10台を販売したことで、営業所に張り出されている営業成績表の一番上まで販売グラフが伸びて、営業マンとしてひとつの達成感を覚える。


時を同じくして、アクサ生命保険株式会社のスカウトマンから、

「この仕事は、お客様を450人集めたら、その方々の担当者のまま独立できます！」

という話を聞き、生命保険の営業マンに転職。

入社当初は、自動車（形のある商品）と生命保険（形のない商品）の提案方法の違いに戸惑い、深刻なスランプを迎える。

保険業界のいろんな先輩方、他業界の営業マン、加入いただいた保険のお客様の声を聞き、

丁寧に自分のノウハウとして吸収。それ以降20年以上、ご紹介が途切れていない。

ポリシーは**「ひとりずつ性格が違うのだから、向いているセールスの方法も皆違う」**。

たくさんの営業マンひとりひとりが、自分に一番合っている方法を見つけて欲しい、と願っている。

保険営業がおもしろくなる50の提言

2021年12月22日　初版発行

著　者――湯浅大五郎

発行者――楠 真一郎

発行所――株式会社近代セールス社

〒165-0026　東京都中野区新井 2-10-11　ヤシマ1804ビル 4 階

電話：03-6866-7586　FAX：03-6866-7596

出版プロデュース――株式会社天才工場

編集協力――――――株式会社マーベリック（大川朋子、奥山典幸）

校正――――――――株式会社ぷれす

装丁――――――――井上 亮

イラスト――――――伊東ぢゅん子

印刷・製本―――――株式会社木元省美堂

ISBN978-4-7650-2331-3